ARTILLERIE FRANÇAISE

LES

CANONS RAYÉS

DE

L'ARMÉE DE TERRE EN 1870

ET LEURS EFFETS

EN RASE CAMPAGNE ET DANS LES SIÈGES

Exposition concise et pratique à l'usage des officiers
de toutes armes

Par M. CREUZAT
COLONEL D'ARTILLERIE

GRENOBLE
TYPOGRAPHIE & LITHOGRAPHIE F. ALLIER PÈRE & FILS
GRANDE-RUE, 8, COUR DE CHAULES

1870

ARTILLERIE FRANÇAISE.

LES

CANONS RAYÉS

DE

L'ARMÉE DE TERRE EN 1870

ET LEURS EFFETS

EN RASE CAMPAGNE ET DANS LES SIÉGES

Exposition concise et pratique à l'usage des officiers
de toutes armes

Par M. CROUZAT

COLONEL D'ARTILLERIE.

GRENOBLE

IMPRIMERIE F. ALLIER PÈRE ET FILS, GRANDE-RUE, 8.

1870

AVANT-PROPOS.

Depuis que les canons rayés ont remplacé dans l'armée de terre les bouches à feu à âme lisse, nous avons entendu souvent des officiers de toutes armes voulant savoir, exprimer le désir d'un livre qui, sous une forme concise mais surtout pratique, leur donne les notions essentielles de notre nouvelle artillerie. C'est pour répondre à ce désir que, dans la mesure de nos forces, nous avons écrit le présent livre. Puissions-nous avoir réussi !

Qu'on ne s'étonne pas de nous voir employer fréquemment les expressions *détruire, renverser, mettre hors de combat....* c'est la guerre ! Instrument d'oppression et de conquête aux mains des violents et des ambitieux, la guerre est la seule garantie de l'indépendance, de la sécurité, de l'honneur des peuples courageux et libres; il faut donc savoir la faire.

Pour nous, la guerre est aussi le théâtre sur lequel l'homme bien doué peut le plus librement dépenser les richesses de ses grandes qualités fortes et généreuses, physiques et morales : nul n'a plus de grandeur et ne laisse au cœur de plus nobles et de plus profonds souvenirs.

Grenoble, le 1er mai 1870.

Le Colonel d'artillerie,

C. CROUZAT.

LES
CANONS RAYÉS
DE
L'ARMÉE DE TERRE

CHAPITRE Iᵉʳ.
INDICATIONS GÉNÉRALES.

Depuis que la poudre a été appliquée aux engins de guerre, les hommes qui ont créé ou perfectionné l'artillerie, ont voulu atteindre trois buts essentiels :

1º Détruire, renverser, mettre hors de combat, des hommes, des chevaux, du matériel sur un champ de bataille, en rase campagne;

2º Détruire, renverser, percer les obstacles improvisés sur lesquels des combattants peuvent s'appuyer, ou derrière lesquels ils peuvent s'abriter sur un champ de bataille;

3º Enfin, détruire, renverser, s'emparer des ouvrages fortifiés préparés de longue main pour barrer une route, une vallée, un col, ou pour servir d'abri à un grand nombre d'hommes, d'habitants, et leur permettre de se défendre longtemps.

De ces trois buts à atteindre, il est résulté tout naturellement trois formes d'artillerie, dont la puissance est proportionnelle à la résistance présumée des obstacles à renverser.

Contre des hommes, des chevaux, du matériel sur un champ de bataille, en rase campagne, on a dû créer une artillerie avant tout légère, mobile, rapide, facile à manier, propre à l'attaque et à la défense, pouvant aller aisément partout, suivre et appuyer les mouvements des autres troupes, capable néanmoins de renverser rapidement à de grandes distances un grand nombre d'hommes et de chevaux, produisant, par conséquent, un très grand effet moral (1) : c'est l'artillerie de campagne représentée essentiellement par le *canon de 4 rayé*.

Contre des obstacles improvisés sur un champ de bataille tels qu'une clôture, un épaulement en terre, en pisé, en pierres, en palissades; une maison, une ferme retranchée ou barricadée, on a dû créer un canon d'une puissance plus grande que le 4 rayé lorsque celui-ci ne suffit pas, mais néanmoins très

---

(1) Ce qui donne la victoire n'est pas le nombre des hommes que l'on tue, mais de ceux qu'on effraie.   (Maréchal MARMONT).

suffisamment mobile et très suffisamment rapide : —
c'est *le canon de 8 rayé*.

Enfin, contre des défenses préparées de longue
main, des forts, des places fortes enceintes de grosses
murailles, couvertes d'obstacles de toute nature,
abritées sous d'épaisses cuirasses de pierres et même
de fer, il a fallu lancer des projectiles assez puissants
pour briser par le choc ces murailles, ces cuirasses,
ouvrir un passage à l'assaillant. — De là, l'artillerie
de siége qui se compose du *canon de 12 rayé* et du
canon de 24 rayé.

Nous venons d'indiquer les bouches à feu rayées
en usage en 1870. Il en est d'autres cependant an-
térieures au canon rayé qui ont été en partie con-
servées pour la défense des places, et qu'on ne
fondrait peut-être pas si elles n'existaient déjà. Qu'on
nous permette à leur égard l'expression d'un pieux
souvenir : elles ont eu leurs jours de gloire et de
triomphe : pendant longtemps la France leur a dû
en partie ses plus beaux succès : en Crimée, le
canon obusier de 12 a été notre instrument de victoire à l'Alma, à Inkerman, à Traktir; sa voix so-
nore et retentissante a fait frissonner d'émoi et
d'enthousiasme bien de braves cœurs qui se souviennent... mais le canon rayé ayant tout détrôné,
c'est lui seul qu'il importe désormais d'étudier et
de connaître.

Donnons d'abord quelques notions essentielles qui s'appliquent à tous les canons rayés.

Tous les canons rayés de l'armée de terre sont en bronze et se chargent par la bouche. Ils ont six rayures de forme hélicoïdale allant de gauche à droite. Les projectiles, de forme oblongue, sont en fonte, creux, et portent à leur partie cylindrique une double couronne d'ailettes en zinc qui maintient leur axe dans l'axe de la pièce et empêche tout frottement de la fonte sur le bronze. Les ailettes s'engageant dans les rayures, obligent le projectile, lorsqu'il se met en mouvement, à suivre leur tracé, la pointe en avant. C'est ce mouvement de rotation imprimé au projectile par les rayures qui, neutralisant en grande partie l'action de l'air, conserve au projectile sa vitesse aux grandes distances et lui donne ses longues portées. Ce mouvement de rotation ayant lieu de gauche à droite, le projectile dérive tout naturellement vers la droite. On corrige cette dérivation en pointant plus ou moins à gauche du but suivant les distances (1).

Le très grand, l'immense avantage du canon rayé sur le canon à âme lisse, c'est *qu'à calibre égal*, il

---

(1) Pour corriger exactement cette dérivation, l'artillerie fait usage d'une hausse dite latérale, qui est placée sur le côté droit de la culasse et qui incline légèrement à gauche. Avec cette hausse, il n'y a pas de but en blanc proprement dit, ce qui permet de pointer toujours directement sur le but, quelle que soit la distance.

lance un projectile *creux d'un poids double*, d'une puissance, par conséquent, deux fois plus grande, et cela avec une justesse supérieure et à des distances *trois fois plus grandes*.

Ces résultats, que le nouveau fusil imposait, sont dus aux augmentations de portée et de vitesse aux *distances effectives* qu'a données aux projectiles oblongs leur mouvement de rotation. On a pu diminuer les charges sans nuire aux portées et aux vitesses *nécessaires*, par suite alléger le canon lui-même et son affût, et obtenir ainsi des pièces plus légères, très maniables, tout aussi résistantes que les anciennes, et infiniment plus puissantes. C'est ce qui résultera, nous l'espérons, de l'étude à laquelle nous nous livrons, ou plutôt de la simple exposition des faits.

CHAPITRE II.

ARLILLERIE DE CAMPAGNE.

Le canon de 4 rayé de campagne. — Le canon de 4 rayé de montagne. — Le canon de 8 rayé de campagne.

Le canon de 4 rayé de campagne (1)

Pèse 330 kilog., — charge de guerre 550 gram. Emploie trois projectiles : — l'obus ordinaire ; — l'obus à balles ; — la boîte à mitraille.

La pièce avec son affût et son avant-train garni, munie de ses rechanges et de ses munitions au complet, telle qu'elle est quand elle va combattre, pèse 1,330 kilog. Elle est attelée à quatre chevaux, et porte avec elle 44 coups de canon, dont 33 obus ordinaires, 4 obus à balles et 7 boîtes à mitraille.

Le caisson de 4, placé dans les mêmes conditions que la pièce, pèse 1,510 kilog. Il est, lui aussi, attelé à quatre chevaux, et porte 120 coups de canon,

---

(1) La hausse médiane du 4 de campagne est inclinée à 1/10 comme la hausse latérale, mais elle ne peut servir que pour les distances comprises entre 500 et 1,500 mètres.

dont 99 obus ordinaires, 12 obus à balles et 9 boîtes à mitraille.

Une batterie de 4, comprenant 6 bouches à feu, mène avec elle 8 caissons de munitions d'artillerie, un affût de rechange, 1 forge, 2 chariots de batterie et 1 charrette pour les bagages des officiers, en tout 19 voitures portant, sur 15 d'entre elles, 1,268 coups de canon qui se décomposent ainsi : 1,023 obus ordinaires, 124 obus à balles, 121 boîtes à mitraille. Cette grande quantité de munitions que le 4 de campagne amène facilement sur le terrain du combat avec peu de voitures et peu de chevaux, est un avantage des plus remarquables.

L'OBUS ORDINAIRE, chargé de 200 gram. de poudre, pèse 4 kilog. ; sa fusée est réglée de manière à produire l'éclatement aux distances moyennes de 1,500 et de 2,800 mètres.

Sa portée est au-delà de 3,000 mètres ; mais entre 2,000 et 2,400, selon la nature du sol, les obus cessent de ricocher, s'enterrent et perdent la plus grande partie de leur efficacité. On doit donc, en principe général, sans renoncer à employer les grandes portées dans quelques circonstances rares et exceptionnelles, s'abstenir d'ouvrir le feu à des distances supérieures à 2,000 mètres (1).

---

(1) *Observations sur le service de l'artillerie de campagne.* Ministère de la guerre, 1869.

Néanmoins, on pourra et on devra employer le tir aux grandes distances, lorsqu'on aura à tirer sur un camp, sur une ville, sur une position de quelque étendue, sur une grande troupe ennemie immobile ou en mouvement au loin, etc., etc.; on devra alors user de toute la portée de sa bouche à feu; la lunette suppléera aux yeux pour rectifier et assurer le tir. A Solférino, des obus de 4 lancés à 3,000 mètres de distance par l'artillerie du 1er corps (général Forgeot), sur une grosse colonne autrichienne qu'on apercevait au loin s'engageant entre l'armée française et l'armée piémontaise, inquiétèrent beaucoup cette colonne et contribuèrent certainement à la décider à rétrograder. A cette même bataille, des obus de 4 allèrent, après plusieurs bonds, porter le désordre jusqu'au milieu des réserves autrichiennes.

Dans l'*Histoire de la campagne de 1866, en Allemagne*, écrite par M. le général de Moltke, chef d'état-major de l'armée prussienne, nous lisons que l'artillerie prussienne s'est souvent mise en batterie à 3,500 pas, à 3,000 et 2,500 pas. Puisque cela s'est renouvelé fréquemment, il faut bien admettre que, dès les premiers jours, les Prussiens avaient acquis la preuve qu'à ces grandes distances, leurs projectiles produisaient un effet suffisant.

Malgré ces exemples, nous croyons cependant que, sur un champ de bataille, dans le tumulte de l'action, on voit mal au-delà de 12 ou de 1,500 mètres. Il ne faut donc pas tirer au-delà de ces distances, et *prendre pour principe, de n'ouvrir le feu que lorsqu'on peut voir facilement où tombe le projectile et quel effet il produit.*

Pour donner une idée sensible de la grande justesse de l'obus de 4 aux grandes distances, et à plus forte raison aux distances moyennes, nous dirons que dans un tir exécuté au camp de Châlons, sur des panneaux figurant un bataillon en colonne par divisions soit serrée, soit à distance, les résultats ont été les suivants :

A 1,500 mètres, sur 144 coups tirés, 87 ont atteint le bataillon ;

A 1,950 mètres, sur 144 coups tirés, 63 ont atteint le bataillon;

A 2,700 mètres, sur 48 coups tirés, 25 ont atteint le bataillon.

Ce tir a eu lieu dans les conditions ordinaires du champ de bataille, c'est-à-dire en exécutant un feu rapide et soutenu à des distances non indiquées d'avance aux batteries. (*Aide-mémoire de l'artillerie de campagne.*)

Indépendamment de sa très grande portée et de sa grande justesse comme projectile entier, l'obus de 4 donne par l'explosion, en moyenne, 22 éclats, dont 13 gros. *Lorsque le projectile éclate en mouvement, ces éclats sont dangereux jusqu'à 3 ou 400 mètres au-delà du point d'éclatement, et jusqu'à 200 mètres* environ à droite et à gauche (1). Ces résultats, prouvés par de nombreuses expériences, démontrent combien l'effet meurtrier et moral de ce projectile est étendu et puissant sur un champ de bataille.

L'OBUS A BALLES, chargé de 85 balles sphériques de pistolet de gendarmerie et de 100 gram. de poudre, pèse 4^{k}718. Cet obus est destiné à donner de la mitraille aux grandes distances. Il peut porter ses balles jusqu'à 1,300 mètres donnant un cône de dispersion très régulier. Sa fusée est réglée de manière à produire l'éclatement à quatre distances à partir de 500 mètres.

Voici sa justesse :

22 obus à balles tirés à la distance de 1,300 mèt., ont mis 783 balles ou éclats dans deux rangées de panneaux de 40 mètres de long, de 2^{m}50 de haut et espacés de 40 mètres. (*Aide-mémoire de l'artillerie de campagne.*)

Ce projectile donne les meilleurs résultats lorsqu'il éclate de 50 à 150 mètres en deçà du but et de 6 à 8 mètres au-dessus du sol; mais c'est un engin délicat qui exige une appréciation exacte des distances, et qui ne doit être employé qu'avec mesure et discernement, surtout aux distances supérieures à 1,000 mètres (1).

---

(1) *Observations sur le service de l'artillerie de campagne.* Ministère de la guerre, 1869.

La Boîte a mitraille contenant 44 balles en fer du poids de 70 gram. chacune, pèse 4ᵏ725. Elle est destinée à donner de la mitraille aux petites distances. *Cette boîte porte ses balles jusqu'à 500 mètres lorsque le terrain est plat, uni et bien découvert (1)*; mais ces conditions ne se présentant que bien rarement, il ne faut pas l'employer au-delà de 400 mètres (hausse latérale 20 mil.; au pied du but par les crans de mire de la culasse et du bourlet).

De ce qui précède, il faut conclure que la mitraille du 4 est peu efficace et ne pourrait pas soutenir la lutte contre le nouveau fusil, dont la justesse est excellente jusqu'à 800 mètres. C'est pour parer à ce manque d'efficacité qu'a été inventée la mitrailleuse. Cet engin de guerre lance très rapidement jusqu'à 1,200 mètres, avec la plus grande justesse et une grande roideur, une énorme quantité de balles à trajectoire très tendue. A ce titre, c'est un accessoire précieux pour le 4 et qui le complète.

Dans leur dernière guerre, les Américains s'étaient bien vite aperçus de l'insuffisance du canon rayé de campagne pour lancer la mitraille. *Aussi ont-ils fait grand usage des pièces à âme lisse et notamment des obusiers pour tirer à mitraille ou à ricochet*

---

(1) *Observations sur le service de l'artillerie de campagne.* Ministère de la guerre, 1869.

dans les fourrés (1). La mitrailleuse nous dispensera de revenir, comme les Américains, à la bouche à feu à âme lisse. Cette bouche à feu serait d'ailleurs, elle aussi, insuffisante contre le nouveau fusil.

Pour achever de faire connaître la valeur comme arme de guerre du canon de 4 rayé de campagne, il ne reste plus qu'à indiquer la vitesse de son projectile aux différentes distances. Le carré de cette vitesse, multiplié par la masse, dira la puissance de son choc, et en faisant connaître ensuite sa pénétration dans différents milieux, on pourra se faire une idée sensible de la puissance de ce choc dans la pratique.

La vitesse de l'obus de 4, qui est de 325 mètres par seconde au départ, est encore de 256 mètres à 900 mètres, et de 237 mètres à 1,200 mètres. (*Aux mêmes distances, ces vitesses n'étaient que de 215 et 175 mètres au canon obusier de 12* (2).) A 2,000 mètres, la vitesse de l'obus de 4 est encore de 195 mètres, et, à 3,000 mètres, elle est de 142 mètres (*Aide-mémoire de l'artillerie de campagne*).

Ses pénétrations dans les différents milieux sont les suivantes :

---

(1) Vico-Roussillon.
(2) *Nouveau système d'artillerie de campagne*, par le capitaine Favé, page 93.

Dans les terres. — L'obus tiré à la charge de 550 gram. et à la distance de 3,000 mètres, s'enfonce de 1^{m}70;

Dans un talus en terres rassises. — L'obus tiré à la charge de 550 gram. et à 17 mètres de distance, s'enfonce à des profondeurs variant entre 0^{m}80 et 1^{m}50. En Chine, aux attaques des forts du Bas-Pé-Hio, les obus de 4 tirés à 1,000 mètres, traversaient facilement des parapets en pisé ou terre tassée de 60 centim. à 1 mètre d'épaisseur;

Dans le bois. — A la distance de 400 mètres, avec la charge de 550 gram., l'obus pénètre en moyenne de 0^{m}82 dans un massif en chêne de 1^{m}05 d'épaisseur (Dans les mêmes conditions, la pénétration du boulet du canon obusier de 12 n'était que de 0^{m}57)(1). (A l'assaut de Malakof, des obus sphériques de 15 cent. que nous avons fait tirer avec un mortier de 15 cent. contre une porte barricadée de l'ancienne tour, ne s'enfonçaient pas et revenaient en arrière);

Dans la brique. — Tiré à la distance de 65 mètres, à la charge de 550 gram., l'obus de 4 traverse un mur en briques de 1^{m}20 d'épaisseur. Dans des expériences faites à Lafère en 1857, on put s'assurer que cet obus suffisait pour détruire rapidement, à 80 mètres de distance, un mur d'enceinte en bonne maçonnerie de briques de 1^{m}20 d'épaisseur;

---

(1) *L'Artillerie de campagne française*, page 9.

2

Dans la maçonnerie. — Dans une bonne maçonnerie, et à la distance de 70 mètres, l'obus de 4 tiré à la charge de 550 gram., s'enfonce de 0^m60 (Nota).

La portée, la justesse, la puissance de choc et la spécialité des trois projectiles du 4 étant connues, leur emploi devient facile à déterminer. Ainsi : contre *des têtes de colonnes, des groupes nombreux,* il faudrait tirer des obus ordinaires qui, s'enfonçant d'abord comme projectiles entiers dans l'épaisseur des rangs, éclateront ensuite au plus épais.

Contre des troupes disposées en bataille à des distances connues et comprises entre 500 et 1,500 mètres, et surtout contre la cavalerie (1), il faudra tirer des obus à balles, et à leur défaut des obus ordinaires :

Aux distances moindres que 500 mètres, contre un ennemi qui s'avance pour enlever une position; contre la cavalerie qui charge, contre des tirailleurs marchant en nombre et à découvert, ou enfin, contre un ennemi qui serre de trop près des troupes en retraite, on peut employer la mitraille, surtout si le terrain est favorable au ricochet (1).

Il est néanmoins des faits de guerre où, dans le

Nota. Dans les cas assez fréquents où , au lieu de traverser l'obstacle, il serait préférable de le renverser en faisant éclater l'obus dans son épaisseur, il suffirait de diminuer les charges.

(1) *Observations sur le service de l'artillerie de campagne.* Ministère de la guerre, 1869.

cas d'un ennemi qui s'avance *en masse*, d'une cavalerie qui charge, l'emploi des boulets et des obus
aux petites distances a produit un effet meurtrier,
mais surtout moral tel, que la plupart des officiers
qui ont vu sont restés sous cette impression que ce tir
était préférable au tir à mitraille. Ainsi, à Traktir, les
boulets et les obus des canons obusiers de 12 (commandant Baudouin) tirés à moins de 400 mètres,
ont écrasé et mis en déroute les masses *russes* se
précipitant à l'assaut des plateaux; à chaque coup,
d'énormes embrasures s'ouvraient dans ces masses;
tout ce qui n'était pas atteint se jetait à terre à
droite et à gauche, et n'était pas dans des dispositions
à poursuivre le mouvement offensif.

De même, à Palikao, une masse d'au moins 20 mille
cavaliers tartares est venue jusqu'à *100* mètres, se
briser sous le feu à balles, *mais surtout à obus*, de
deux batteries rayées de 4 et de 12, soutenues par un
millier d'hommes d'infanterie.

Voilà pourquoi le tir direct, le tir de plein-fouet,
contre des hommes, des chevaux, du matériel, en
rase campagne.

Tir contre des obstacles matériels.

Dans une bataille, on n'a pas toujours que des
hommes, des chevaux, du matériel à renverser, à
mettre hors de combat. Il arrive souvent que l'en-

nemi occupe fortement un village, une ferme, un clos, qu'il retranche, qu'il barricade, sur lesquels il s'appuie et d'où il faut le débusquer. C'est alors que l'emploi du canon et des obus ordinaires devient indispensable. A la rigueur, le fusil pourrait suffire pour chasser un ennemi d'un champ de bataille, mais comment, sans canon qui perce ou qui renverse, débusquer un ennemi armé, couvert par un obstacle que les balles ne traversent pas? Dans ce cas, le projectile de 4, aussi lourd que l'ancien boulet de 8, et doué d'une vitesse bien supérieure, tiré à 1,000 ou 1,200 mètres, percera l'obstacle, les murs, la clôture, et ira de l'autre côté éclater au milieu des défenseurs, mettre le feu à la ferme, à la maison, au village : ou bien si, manquant de force pour traverser le mur, la clôture, il reste dans leur épaisseur, il fera fougasse en éclatant et les renversera. Très souvent, il suffira de canonner ainsi très vigoureusement une position, pour décider l'ennemi à l'abandonner sans attendre l'assaut, et que de sang n'épargnera-t-on-pas !

Le tir plongeant.

Indépendamment des fermes, des villages, des clos, il peut arriver aussi que l'ennemi occupe des ouvrages de campagne préparés à l'avance, tels que redoutes, têtes de ponts, lignes de défense, etc., etc., trop élevés pour qu'on puisse les écrêter au moyen du tir direct, ou d'un relief, d'une épaisseur d'épaulement trop grande pour que les projectiles puissent les traverser. Quelquefois aussi, il faut déloger des troupes ennemies placées derrière un rideau, ou dans un abri couvert. Dans ces cas, il est bien évident que si on veut atteindre, il faut employer le tir à feux courbes, *le tir plongeant*, pour lequel les batteries de campagne sont approvisionnées. Au moyen de ce tir, le projectile s'élevant à une grande hauteur, va passer par-dessus l'épaulement et plonge ensuite dans l'ouvrage à contre-battre. Si le terrain est favorable, le projectile peut se relever et fournir un ou deux bonds rapprochés, ce qui est très avantageux pour les coups un peu courts. Par son poids et par son choc d'abord, par ses éclats ensuite, le projectile met hors de combat les défenseurs, brise le matériel, démolit les plates-formes, et bouleverse les terre-pleins, les épaulements, les traverses dans *lesquels il s'enfonce*. Au moyen de ce tir, le projectile va aussi chercher les troupes ennemies derrière un rideau ou dans un abri couvert, et on conçoit combien il doit être puissant et meurtrier contre elles, surtout s'il est armé d'une fusée percutante qui ne laisse pas le temps de se garer.

Pour l'exécution du tir plongeant, les batteries emploient la charge de 100 gram. pour les distances de 400 à 700 mètres, et la charge de 150 gram. entre

600 et 1,000 mètres. Les angles sous lesquels on pointe le canon varient dans le 1er cas entre 8 et 16 degrés (hausse 94mm et 193mm) et dans le 2e cas entre 7 et 14 degrés (hausse 90mm et 171mm).

La bonne exécution du tir plongeant exige surtout une évaluation exacte des distances, et une grande précision dans la mesure des charges (1). Les projectiles sont autant que possible armés de fusées percutantes.

Avec les anciennes bouches à feu à âme lisse, on employait aussi le tir à feux courbes, le tir à ricochet ; mais leur étendue efficace n'allait pas pour le 1er au-delà de 600 mètres, et pour le tir à ricochet au-delà de 400 mètres.

Aller au feu avec les pièces sans caissons.

La pièce de 4 portant avec elle 44 coups de canon, cela permettra, dans bien des cas, d'aller au feu avec les pièces seules servies par trois servants, sans caissons. *C'est la vraie batterie de combat.* Le chef de pièce n'ayant plus que sa pièce à surveiller, devient pointeur. En cas de trot, un servant s'assied sur la flèche. La batterie étant de 6 pièces, et chaque coffre contenant 40 coups, cela fera, avec les coffrets d'affût, 264 coups à tirer. C'est suffisant pour un feu

---

(1) *Aide-mémoire de l'artillerie de campagne.*

sérieux et bien pointé d'une heure, et de deux ou trois heures si on manœuvre. Pour un combat d'avant-garde, pour une reconnaissance, pour ébranler une position avant de lui donner l'assaut, cette batterie, légère, mobile, facile à défiler, libre de ses mouvements et de ses allures, n'ayant pas l'embarras et le danger d'explosion de ses caissons, sera excellente et rendra les plus grands services.

Les batteries à cheval ayant leurs servants montés, pouvant par conséquent en emmener un plus grand nombre, et combattre aux allures vives plus facilement que les batteries montées, seraient plus propres que ces dernières à ces sortes de combats. Mais les batteries à cheval, peu nombreuses, sont toujours attachées aux divisions de cavalerie, ou font partie des réserves d'artillerie, et ne sont pas dès lors à la disposition immédiate des généraux commandant les divisions d'infanterie.

Quelques critiques ont été adressées au canon de 4 rayé. On a notamment reproché à son projectile, comme à celui de tous les canons rayés, d'avoir une trajectoire trop élevée, trop courbe, pas assez tendue et de se relever sous des angles sur lesquels on ne pouvait pas compter.

Constatons d'abord que le 4 n'est nullement incapable d'un tir à bonds rapprochés. Ainsi, nous lisons dans l'*Aide-mémoire de l'artillerie de campagne*, « Dans le tir à obus, l'axe de la pièce étant horizontal, le projectile touche le sol pour la première fois entre 200 et 300 mètres ; il fait deux ou trois bonds *rasants*, en conservant sensiblement la même direction. En pointant à 60 metres environ de la bouche à feu par le cran de mire de la hausse médiane mise à fond et du bourlet, on obtient de très bons résultats sur un terrain ferme, uni et horizontal. Le premier point de chute est à 180 mètres environ, et le projectile fournit *8 ou 10 bonds* qui le portent jusqu'à une distance de 2,700 ou 3,000 mètres. » Cela constaté, examinons :

Lorsqu'on a voulu créer un canon rayé de campagne, le problème à résoudre et dont les nouvelles armes à feu à grande portée imposaient la solution, était celui-ci : *Faire une pièce capable de lancer des projectiles puissants à de grandes distances, et, néanmoins, légère, mobile, solide.* Pour lancer des projectiles puissants avec une bouche à feu légère, il fallait nécessairement employer des charges relativement faibles, et pour lancer ces projectiles puissants à de grandes distances avec ces charges faibles, il fallait nécessairement pointer les canons sous de grands angles. De là, comme on le savait d'avance, des trajectoires élevées, courbes et laissant tomber le projectile sous des angles grands. Les avantages et les inconvénients étant pesés, on s'est arrêté aux avantages. On n'a pas au même degré ce qu'on appelait autrefois le tir horizontal ou rasant, mais on a une bouche à feu de campagne légère, mobile, solide, *qui peut toujours avec la hausse latérale être pointée directement sur le but, quelque rapproché ou quelque éloigné qu'il soit, et qui, à calibre égal,* lance un projectile *creux* d'un poids double de celui qu'elle aurait lancé comme bouche à feu à âme lisse, avec une justesse bien supérieure et à des distances effectives trois fois plus grandes. Le progrès est donc incontestable. Le tir roulant est-il d'ailleurs aussi nécessaire qu'il l'a été? Avec les anciennes armes à feu qui n'avaient que peu de justesse et peu de portée, et qui obligeaient, par conséquent, à se battre de près, un projectile qui, en sortant de la pièce, parcourait en ligne droite 7 à 800 mètres en faisant des bonds rapprochés et peu élevés, était, sans doute, une excellente chose; mais avec les nouveaux fusils, dont le tir sur des masses est très bon jusqu'à 800 ou 1,000 mètres, et qui décideront, par conséquent, des affaires à ces distances, à quoi servirait-il de lancer un projectile qui frapperait plusieurs fois le sol avant d'arriver à ces distances? et au-delà, le tir horizontal n'est plus possible. S'il arrive que l'ennemi se rapproche plus près que 800 mètres, les obus frapperont *de plein fouet* sur ses têtes de colonnes ou sur ses lignes de bataille que leur trajectoire soit plus ou moins tendue, et comme en leur qualité d'obus, ils ne tarderont pas à éclater, peu importera la grandeur de l'angle sous lequel ils auraient pu se relever.

Il est bien certain, cependant, qu'il y aurait avantage à ce que, sans rien sacrifier, le projectile eût une trajectoire plus tendue, surtout pour le cas où il éclate étant en mouvement. Ses éclats auraient alors une plus grande portée en avant, seraient plus rasants et par conséquent plus meurtriers. C'est une question d'avenir.

L'attelage à 4 chevaux.

Quelques officiers nous ont aussi paru douter de la suffisance *en campagne* de l'attelage à 4 chevaux, et nous avouons être bien près de partager leur doute. Cependant l'attelage à quatre bien ramassé, bien en main, facile à conduire, permettant d'économiser 2 chevaux par voiture et de raccourcir de 1/5 la longueur des colonnes, est bien séduisant : mais encore faut-il qu'il soit suffisant à la guerre. Examinons.

Ainsi que nous l'avons dit plus haut, la pièce de 4, équipée pour aller au feu, pèse 1,330 kilog. et est attelée à 4 chevaux : le caisson pèse 1,510 kilog. et est également attelé à 4 chevaux. Ce n'est pour le caisson que 250 kilog. de moins que le 8 rayé, qui est attelé à 6 chevaux. Ces poids du 4, relativement

légers, permettent de présumer que la voiture s'en-
foncera peu dans les terres labourées, dans la boue,
dans un gué, et que sa traction sera par conséquent
relativement facile. Nous pensons cependant qu'on
peut craindre qu'après quelque temps de campagne,
ces 4 chevaux, affaiblis par les privations, ne soient
insuffisants, surtout pour manœuvrer aux allures
vives dans les terrains cultivés. Après une heure ou
deux de feu quelques-uns auront été mis hors de
combat, et la plupart des pièces et des caissons ne
seront plus attelés qu'à 2 chevaux, *dont un monté*.
Il est vrai qu'une batterie doit avoir des chevaux de
rechange ; mais au moment du feu, ils seront, avec
raison, maintenus en arrière, et il se peut qu'on ne
les trouve pas lorsqu'on en aura besoin. Ces considérations nous font regretter qu'on ne se soit pas
décidé à atteler le 4 à 6 chevaux lorsqu'on a aug-
menté son poids en augmentant le chargement de ses
coffres de 8 coups. Quelle mobilité, quelle rapidité
n'aurait pas cette pièce attelée à 6 chevaux ! Bien
conduite, elle ne trouverait pas d'obstacle, réduite à
4 chevaux, elle pourrait longtemps encore manœuvrer
et combattre.

Notre étude du canon de 4 rayé de campagne est
terminée. A vrai dire, c'est la plus importante, ce

canon étant à lui seul presque toute notre artillerie
de bataille. Lui seul existe dans nos divisions d'infanterie et de cavalerie; il est en très grande majorité
dans les réserves d'artillerie des corps d'armée et des
armées. Aidé au besoin, mais accidentellement du
canon rayé de réserve de bataille, on le trouvera
partout. C'est donc lui surtout qu'il importe de connaître, parce que c'est de lui qu'on aura le plus à
se servir.

L'ARTILLERIE DE RÉSERVE DE BATAILLE.

Ainsi qu'on vient de le voir, le canon de 4 de campagne par sa légèreté, sa très grande mobilité, sa justesse, ses grandes portées, la puissance de son projectile, est un excellent canon de bataille et suffit dans la généralité des cas en rase campagne. On conçoit cependant que lorsqu'on veut renverser ou détruire dans un temps donné un obstacle sur lequel s'appuie l'ennemi, ou bien produire rapidement un grand effet moral, le canon de 4 soit insuffisant. C'est pour ces différents cas qu'a été créé le canon de réserve de bataille.

Jusqu'en 1869, l'artillerie avait eu comme canon de réserve de bataille un canon rayé du calibre de 12 d'une très grande puissance. Mais ce canon était un peu lourd pour la guerre en rase campagne, et son affût résistait mal au tir. Ce sont ces considérations qui ont, croyons nous, déterminé à faire, *en principe*, du 12 rayé un canon de siége (1), et à le remplacer comme canon de réserve de bataille par l'ancien canon à âme lisse de 8, qu'on a rayé et qui s'appelle :

---

(1) Ce que nous disons plus loin du canon rayé de 12 de siége suffira pour faire connaitre très suffisamment ceux des canons

Le canon de 8 rayé de campagne (1).

Poids 575 kilog. — Charge 800 gram.

Trois projectiles : l'obus ordinaire — l'obus à balles — la boîte à mitraille.

La pièce avec son affût et son avant-train garni, munie de ses rechanges et de ses munitions, telle qu'elle est quand elle va combattre, pèse environ 1,830 kilogrammes. Elle est attelée à 6 chevaux et porte avec elle 24 coups de canon y compris 2 obus à balles et 2 boîtes à mitraille.

Le caisson de 8 placé dans les mêmes conditions que la pièce, pèse environ 1,760 kil. Il est, lui aussi, attelé à 6 chevaux et porte 72 coups de canon, y compris 6 obus à balles et 6 boîtes à mitraille.

Une batterie de 8 comprenant 6 bouches à feu mène avec elle : 6 caissons d'artillerie, 1 affût de rechange, 2 chariots de batterie, 1 forge, 1 charrette pour les bagages des officiers, en tout 17 voitures. Les 13 qui sont affectées aux munitions portent ensemble 600 coups de canon dont 500 obus ordinaires, 50 obus à balles et 50 boîtes à mitraille.

---

rayés de 12 de campagne qui sont encore en service. On y trouvera également les charges et les hausses du 12 rayé de campagne pour le tir plongeant.

(1) L'inclinaison de la hausse pour la correction moyenne des dérivations est celle de 8/100.

L'obus ordinaire chargé de 400 grammes de poudre, pèse 7^k 360. Sa portée atteint 4,000 mètres avec une hausse de 330 millim.; mais l'affût placé sur terrain horizontal ne permet pas de tirer au-delà de 17° 3' (hausse 240 mill.) et la portée est alors de 3,450 mèt. Tiré horizontalement, l'obus atteint une portée totale de 2,200 mètres après avoir fourni *7 à 8 bonds* sur un terrain uni et dur comme celui du camp de Châlons. Sur ce même terrain, il ne cesse de ricocher que quand il tombe vers 3,000 à 3,500 mètres, c'est-à-dire beaucoup plus loin que les obus de 4 et de 12; cela tient, sans doute, à ce que sa partie ogivale est plus effilée (1).

Par l'explosion quand il est en mouvement, l'obus donne en moyenne 20 éclats qui sont dangereux jusqu'à 3 ou 400 mètres au-delà du point d'éclatement, et jusqu'à 250 mètres environ à droite et à gauche; sa fusée est réglée de manière à produire l'éclatement aux distances moyennes de 1,500 et 2,800 mètres (2).

---

(1) Expériences faites au camp de Châlons en 1869.

(2) *Observations sur le service de l'artillerie de campagne.* Ministère de la guerre, 1869.

Nota. Au camp de Châlons on a reconnu que les obus qu'on fait éclater à terre après qu'ils ont été tirés chargés (la fusée étant remplacée par un tampon en bois), donnent *bien moins d'éclats* que les obus chargés qui n'ont pas été tirés. Cela tient à ce que dans le trajet dans l'air, une partie de la poudre se met en pul-

L'obus à balles contient de 95 à 100 balles d'infanterie, ou 140 de gendarmerie (55 de plus que le 4), et pèse, en moyenne, chargé 8ᵏ 750. Sa fusée est réglée de manière à produire l'éclatement à quatre distances à partir de 500 mètres.

La *boîte à mitraille* renferme 70 balles en fer du poids de 70 grammes (29 de plus que le 4) et pèse 8ᵏ100. Sur un terrain favorable, le tir de cette mitraille peut être étendu jusqu'à 500 mètres (hausse médiane 60ᵐᵐ — latérale 25ᵐᵐ).

La justesse du 8 est supérieure à celle du 4, surtout dans le sens vertical. Au-delà de 1,000 mètres, sa trajectoire est un peu plus tendue.

La vitesse initiale du projectile est de 330 mèt. avec la charge de guerre. A 1,500 mètres, cette vitesse est encore de 258 mètres; à 2,000 mètres, elle est de 234 mètres; à 2,500 mètres, elle est de 216 mètres; enfin, à 3,000 mètres, elle est encore de 189 mètres bien supérieure, comme on le voit, à celle du 4 aux mêmes distances. Or, le poids de l'obus de 8 étant double, la puissance du choc est donc plus de deux fois plus grande. Au camp de Châlons, 5

---

vérin par suite du mouvement de rotation et des chocs et n'a plus autant de force. De là, au point de vue de l'effet meurtrier du projectile sur le champ de bataille, la nécessité, dans le chargement de l'obus, de tasser la poudre le plus qu'il sera possible.

obus de 8 tirés à 50 mètres de distance, à la charge
de 640 grammes, contre une butte *en terres rassises*,
ont pénétré horizontalement en moyenne de 1^m24.

Le tir plongeant.

Pour le tir plongeant, le 8 rayé emploie la charge
de 200 grammes pour les distances comprises entre
100 et 1,200 mètres, et la charge de 400 grammes
pour les distances comprises entre 100 et 2,400
mètres. Les angles sous lesquels on pointe varient
suivant les distances : dans le premier cas, entre
1º 20' et 20º 38' (hausse 16^mm6 et 193^mm9), et dans le
deuxième cas, entre 0º 35 (hausse 6^mm2) et 21º 38'
(hausse 309^mm7). Avec la charge de 200 grammes,
la vitesse initiale est de 145 mètres, et avec la charge
de 400 grammes, elle est de 222 mètres. Le choix
de la charge dépend donc de l'effet qu'on veut produire. Ce tir a une grande justesse, beaucoup de
puissance, et pourrait être très utile dans un siége (1).

———

Pour l'emploi des projectiles de 8 dans le tir de
plein fouet et dans le tir plongeant, mêmes observations et indications que pour le 4.

———

(1) Expériences faites au camp de Châlons en 1869.

Les données qui précèdent, basées sur de nombreuses expériences et comparées à celles du 4, démontrent que le projectile du 8 rayé a une puissance très supérieure à celle du 4, surtout par son choc contre des obstacles matériels, et c'était là essentiellement le but de sa création. C'est donc un excellent canon de réserve de bataille « *qui doit être principalement réservé, dans la guerre de campagne, pour les circonstances où il est nécessaire de rechercher les effets dus à la supériorité de calibre, telles qu'attaques de villages, de postes retranchés, etc., etc., ainsi que pour produire sur les troupes un grand effet moral* (1). »

Le canon de 8 rayé n'est pas un canon divisionnaire. En principe, il fait partie des réserves d'artillerie des armées et des corps d'armée.

Nota. Le canon de 8 rayé lançant des projectiles creux d'un poids presqu'égal à celui de l'ancien boulet sphérique de 16, avec infiniment plus de portée, plus de justesse et plus de vitesse, doit être considéré comme pouvant, au besoin, être employé très avantageusement dans un siége.

---

(1) *Observations sur le service de l'artillerie de campagne.* Ministère de la guerre, 1869.

L'ARTILLERIE DE MONTAGNE.

Nous venons de décrire les deux bouches à feu attelées qui sont employées dans la guerre de campagne. Il est cependant des pays où ces deux canons rayés, quelque légers et mobiles qu'ils soient, ne pourraient pas rouler. Tels sont les pays de montagnes rudes, escarpés, d'un parcours très difficile, et les pays marécageux couverts de broussailles, dont le sol est glissant, peu ferme, et où il n'existe que des sentiers comme est, par exemple, une partie de la Cochinchine où nous faisons la guerre. Il a donc fallu créer une bouche à feu d'un modèle particulier, assez légère pour pouvoir être transportée à dos de mulet, et même quelquefois à bras d'hommes, et se prêtant facilement au tir à feux courbes si souvent nécessaires dans les terrains accidentés. Cette bouche à feu n'est qu'une dépendance du campagne.

Avant le canon rayé, l'artillerie avait pour la guerre de montagne une bouche à feu à âme lisse qu'on désignait sous le nom d'*obusier de 12 de montagne*. Cette bouche à feu qui a fait toute la partie de la guerre d'Afrique qu'on pourrait appeler la période de la conquête, a rendu de grands services quoique sa portée et sa justesse fussent médiocres. On a dû lui appliquer comme aux autres bouches à feu le nouveau progrès rendu indispensable par la grande portée et la grande justesse des nouveaux fusils , et c'est alors qu'on a créé.

Le canon de 4 rayé de montagne.

Poids : 100 kilogrammes ; charge 300 grammes. Emploie les mêmes projectiles que le canon de 4 de campagne.

Les fusées des obus ordinaires sont réglées de manière à produire l'éclatement aux distances de 1,100 et 2,100 mètres.

Les fusées des obus à balles donnent l'éclatement à quatre distances comprises entre 350 et 900 mèt.

Les canons de 4 rayés de montagne n'ont pas de hausse médiane.

Le canon pèse 100 kil. et peut , par conséquent, être porté par un mulet. L'affut avec ses roues pèse 116 kil., et peut également être porté par un mulet. Une limonière qui s'adapte à l'affût et qui est portée par le mulet de pièce , permet de faire rouler la pièce lorsque le terrain s'y prête. Ce roulement de la pièce, lorsqu'il est possible , soulage beaucoup les mulets porteurs, et permet dans le cas d'une de ces surprises si fréquentes dans les terrains accidentés ou couverts , de disposer très rapidement la pièce pour faire feu.

Les munitions sont renfermées dans des caisses qui sont portées à dos de mulet, à raison de deux caisses par mulet. Chaque caisse pèse environ 45 kil. et contient 9 coups, dont 7 obus ordinaires, 1 obus à balles et 1 boîte à mitraille.

Trois mulets sont donc suffisants pour porter ou amener sur le terrain du combat un canon approvisionné à 18 coups et prêt à faire feu.

Une batterie se compose de 6 canons suivis immédiatement par 36 caisses. Une réserve comporte en outre 64 caisses, ce qui élève à 100 le nombre total des caisses à munitions d'artillerie affectées réglementairement à une même batterie. La batterie a donc un approvisionnement de 900 coups de canon, dont 700 obus ordinaires, 100 obus à balles et 100 boîtes à mitraille.

Ce qui permet de tirer avec le 4 de montagne, malgré sa légèreté relative et celle de son affût, des projectiles d'un poids égal à ceux du 4 de campagne, c'est qu'on peut employer une charge très faible (300 grammes) tout en conservant au projectile une portée et une vitesse moins grandes évidemment qu'au campagne, mais très suffisantes pour les effets à produire.

En effet, *l'obus ordinaire* tiré horizontalement avec la charge de 300 grammes atteint des portées variant entre 1,800 et 2,000 mètres. Il touche le sol pour la première fois à 200 mètres, et donne ensuite 5 ou

6 ricochets généralement plus tendus et plus régu-
liers que ceux que l'on obtient avec le canon de 4 de
campagne sur le même terrain. *(Aide-mémoire de
l'artillerie de campagne)*.

Si on emploie le tir parallèle qui consiste à placer
la ligne de mire horizontale, c'est-à-dire à pointer
par les crans de mire sur le sol à 50 mètres en avant
de la bouche à feu, le premier point de chute est à
50 mètres environ, et le projectile fournit de 4 à 7
bonds qui le portent jusqu'à la distance de 1,700 mètres. Lorsqu'on aura à tirer dans le prolongement
d'une vallée, d'un long ravin, ou sur un terrain peu
accidenté, l'emploi du tir horizontal ou parallèle
pourra donc rendre les plus grands services.

Pointé sous l'angle le plus grand que puisse donner l'affût placé sur terrain horizontal (15°), la portée
directe est de 2,000 mètres. En plaçant des pierres ou
des pièces de bois sous les roues de manière à tirer
sous l'angle de 30°, la portée atteint 2,700 mètres.
Il est prudent, pour la conservation des affûts, de
n'employer ce dernier procédé que lorsqu'il est im-
possible de faire autrement.

Le tir plongeant.

Employé dans le tir plongeant, le tir à feux courbes si souvent nécessaire dans les pays de montagnes où l'ennemi peut facilement se couvrir dans

un ravin, derrière une crête, un pli de terrain, le 4 de montagne, en réduisant ses charges, rendra les plus grands services.

Pour l'exécution de ce tir, on emploie la charge de 100 grammes pour les distances de 400 à 700 mètres, et la charge de 150 grammes entre 600 et 1,000 mètres. Les angles sous lesquels on pointe varient dans le 1er cas entre 8 et 14 degrés (hausse 64mm et 107mm), et dans le 2e cas entre 8 et 15 degrés (hausse 61mm et 118mm).

Voilà pour les portées aux différents tirs avec les charges de guerre.

La justesse du 4 de montagne n'est pas moins remarquable que sa portée, Ainsi, cet obus tiré à 1,200 mètres, par exemple, donne *en direction* des écarts moyens de 2 mètres seulement, en portée des écarts de 18 mètres, et en hauteur de 3m,10. (*Aide-mémoire de l'artillerie de campagne*).

L'obus à balles donne de très bons résultats aux distances de 500 à 1,000 mètres. Ainsi, 13 obus à balles tirés à la distance de 1,000 mètres sur deux rangées de panneaux de 40 mètres de long, 2m50 de haut, espacés de 40 mètres, y ont mis 531 balles ou éclats. (*Aide-mémoire de l'artillerie de campagne*).

La *boîte à balles* peut être employée avec efficacité jusqu'à 300 mètres, hausse 10mm. (*Aide-mémoire*).

Contre des hommes, des chevaux, du matériel, l'effet meurtrier des projectiles de montagne est très

puissant. En Cochinchine, à l'attaque du camp de Ki-
ho-a, 3 canons de montagne qui étaient parvenus à
tirer d'enfilade à environ 500 mètres, sur une longue
ligne de défense bien garnie de défenseurs, mirent,
en une demi-heure, plus de deux cents Annamites
hors de combat. En entrant dans le camp, après l'assaut, il nous fut aisé de reconnaître à la gravité des
blessures, que presque toutes provenaient de coups
d'obus ou d'éclats.

La vitesse du projectile du 4 de montagne tiré à la
charge de guerre (300 grammes) est de 225 mètres
par seconde au départ, de 166 mètres à 1,200 mètres, inférieure de 9 mètres seulement à celle du
canon-obusier de 12 à la même distance. Aussi peut-il
rendre les plus grands services pour renverser des
obstacles matériels, briser des portes, des clôtures,
faire brèche dans un mur. Ses pénétrations dans les
différents milieux sont les suivantes :

Dans les terres, à 2,000 mètres, à la charge de
300 grammes, le projectile s'enfonce de 1ᵐ20 ;

Dans un talus en terres rassises, à 12 mètres de
distance, la pénétration varie entre 0ᵐ30 et 1ᵐ10
suivant les talus.

Dans le bois, à la distance de 400 mètres, la pénétration est d'environ 0ᵐ50.

Dans la maçonnerie, à la distance de 70 mètres, il
s'enfonce de 0ᵐ30. Dans la maçonnerie de briques,
sa pénétration est plus grande.

L'ensemble des résultats que nous venons d'exposer et qui ont subi l'épreuve de nombreuses expériences et d'une longue pratique, démontre la puissance des projectiles du 4 de montagne, et avec quelle efficacité ce canon peut être employé dans les terrains où ne peut pas aller le 4 de campagne.

Le transport à dos de mulet du canon, de l'affût et des caisses à munitions est facile, puisqu'un bon mulet peut porter, sans être surchargé, 130 kilogrammes.

On a cependant quelquefois à faire la guerre dans des terrains marécageux, glissants, peu solides, où les mulets eux-mêmes ne pourraient pas s'engager. Dans ce cas, en Cochinchine, on a fait porter le matériel et les munitions par des coolies chinois attachés à l'artillerie. Quatre coolies portaient le canon, quatre autres portaient l'affût, et deux autres une caisse à munitions. Ainsi chargés, ces hommes marchaient très rapidement dans des chemins où les canonniers-servants avaient de la peine à les suivre, où les mulets ne seraient certainement pas passés.

Notre étude des canons rayés de campagne est terminée. Ces canons sont, comme on l'a vu, au nombre de trois :

Le canon de 4 rayé de campagne,
Le canon de 4 rayé de montagne,
Le canon de 8 rayé de campagne,

A vrai dire, ils ne sont que deux, puisque le 4 rayé de campagne et le 4 rayé de montagne ont le même calibre et emploient le même projectile. Notre artillerie de campagne ne se compose donc en réalité que de deux calibres et de deux projectiles. Il était difficile d'unifier et de simplifier davantage.

CHAPITRE III.

ARTILLERIE DE SIÉGE ET DE PLACE.

Les bouches à feu à âme lisse étant devenues insuffisantes par suite de l'adoption comme arme de guerre d'un fusil à grande portée et à grande justesse, et le canon rayé pouvant, à de grandes distances, produire des effets très puissants, on a dû créer des canons rayés pour l'attaque des places, et par suite aussi pour leur défense.

Pour les siéges, où on est obligé d'amener tout avec soi, on a dû, à cause des difficultés du transport jusque dans les tranchées, créer des canons plus légers, plus maniables que pour les places qui peuvent, elles, s'approvisionner et disposer leur matériel de longue main.

On a donc pour les siéges créé le *canon rayé de 12* et le *canon de 24 rayé court,* et pour les places on a fait rayer les anciens canons à âme lisse de 12 de place et les anciens à âme lisse de 24 qui sont ainsi devenus le *12 rayé* et le *24 rayé de place* (1). Les

---

(1) On n'a pas rayé l'ancien 16 à âme lisse parce que ces effets sont à peu près les mêmes que ceux du 12 rayé (Commission de l'île d'Aix).

deux canons de 12 ont le même projectile, et les deux canons de 24 ont aussi le même projectile.

Nous devons cependant faire remarquer que le canon rayé de 12 de siége étant, comparativement aux autres, très léger, très maniable, et pouvant par conséquent être facilement déplacé et transporté sur les points de la fortification qui sont d'un accès difficile, est beaucoup employé dans la défense des places.

Au commencement de ce livre nous avons dit que l'artillerie avait conservé pour la défense des places, certaines bouches à feu à âme lisse, et notamment des obusiers et des mortiers. Qu'on nous permette, avant de décrire les canons rayés de siége et de place, de justifier cette conservation par une courte digression.

Dans tout siége régulier d'une place à fronts bastionnés (comme l'est la presque totalité des places existantes), il y a deux périodes bien distinctes dont il importe à l'assiégeant comme à l'assiégé de tenir le plus grand compte. La première période, pendant laquelle l'assiégeant enveloppant de ses feux l'ensemble des fronts attaqués, les faisant converger sur les défenses, doit nécessairement, dans un temps assez court, éteindre leur feu. La seconde période, pendant laquelle l'assiégeant, obligé qu'il est, pour en venir au couronnement du chemin couvert et à l'assaut, de se rapprocher et de cheminer dans les rentrants du front attaqué, se trouve enveloppé à son tour par les feux de l'assiégé. C'est donc pour cette seconde période que l'assiégé devra conserver la plus grande partie de ses canonniers, de son matériel, de ses munitions. C'est aussi pendant cette même période qu'il devra faire l'usage le plus énergique des obusiers à âme lisse et des mortiers que l'artillerie a conservés. Leurs gros projectiles creux sphériques, d'une puissance de destruction incomparable contre les ouvrages en terre aux distances moyennes, bouleverseront les batteries, les tranchées, surtout les têtes des cheminements de l'assiégeant : leur grosse mitraille, qu'ils portent admirablement, couvrira tout devant elle ; et si cette artillerie est secondée par une garnison active, courageuse et tenace, qui pourrait dire quelle sera la fin de la lutte ? Que ceux qui ont fait le siége de Sébastopol se souviennent !

Cela dit, revenons aux canons rayés.

Les canons de siége étant destinés à briser des murailles, à enfoncer des abris voûtés ou blindés, à bouleverser des épaulements et des terre-pleins à des distances plus ou moins grandes, il ne nous restera plus, après les avoir décrits, qu'à exposer les principaux résultats des expériences faites, pour nous assurer s'ils sont en état de remplir ces différentes fonctions.

Nota. Pour l'usage spécial des officiers d'artillerie,

nous avons inséré à la fin du livre les tables provisoires de tir arrêtées par le comité de l'artillerie.

Le canon de 12 rayé de siége.

Poids 865 kilog., — charge de guerre 1^{k}200. Monté
sur son affût, l'ensemble pèse environ 1,500 kilog.
Attelé avec 6 chevaux à un avant-train de campagne,
il roule très facilement sur les routes ordinaires, et
peut, sans grands efforts, être conduit à sa place de
batterie dans les tranchées (1).

Sa charge varie avec les effets qu'on veut produire.
Pour le tir direct, cette charge est ordinairement
de 1^{k}200.

L'*obus ordinaire* chargé de 500 gram. de poudre
pèse environ 12 kilog., sa portée, avec la charge de
1,200 gram., est au-delà de 3,200 mètres sous l'angle
de tir de 17° (hausse 263 mill.), le plus grand que
permette l'affût placé sur terrain horizontal. La portée
est au-delà de 4,200 mètres sous l'angle de 30 degrés.

Sa justesse est telle, qu'à la distance de 2,700 mè-

______

(1) Employé à la défense des places, le canon de 12 rayé de siége
peut être tiré sur l'affût de 12 de place monté sur grand châssis,
ou avec lisoir directeur.

tres, ses écarts ne sont que de 5^m60 en direction, et de 120 mètres en portée.

En comparant la charge du 12 rayé de campagne (1^k000) avec la charge du 12 rayé de siége (1^k200), nous estimons que la vitesse initiale du 12 de siége doit être d'environ 368 mètres, — à 1,500 mètres, cette vitesse doit être d'environ 278 mètres, et à 3,000 de 204 mètres (1). A 1,200 mètres, avec la charge de 1,200 gram., il fait brèche avec facilité dans une bonne escarpe découverte (Expériences de l'île d'Aix).

Il fournit par l'éclatement, en moyenne, 12 éclats qui sont dangereux jusqu'à 400 mètres. Dans le tir en brèche, ces éclats écrasent la maçonnerie et brisent les gros blocs qui se détachent, ce qui rend plus rapidement la brèche praticable.

L'obus à balles contient 150 balles d'infanterie. Il est chargé de 200 gram. de poudre et il pèse un peu moins de 12 kilog. (11^k790). La fusée est réglée de manière à produire l'éclatement à quatre distances entre 500 et 1,400 mètres pour le 12 de campagne, et entre 535 et 1,480 mètres pour le 12 de siége.

La *boîte à mitraille* contient 90 balles en fer et

____

(1) Au 12 rayé de campagne, avec la charge de guerre de 1 kil., cette vitesse est de 307 mètres au départ, de 232 mètres à 1,500 mètres, et de 170 mètres à 3,000 mètres (*Aide-mémoire de l'artillerie de campagne*).

pèse environ 12 kilog. La bonne portée de cette mitraille est d'au moins 500 mètres (hausse médiane 70mm — latérale 43mm).

Pour indiquer d'une manière sensible la puissance du choc dans le tir direct de l'obus de 12 contre des obstacles matériels, nous dirons qu'à 1,220 mètres, avec la charge de 1,200 gram. et tiré sous l'angle de 4° 1/4, cet obus s'est enfoncé de 0m65 dans une maçonnerie d'escarpe, et de 1m50 dans les terres bien rassises d'un parapet. A 670 mètres et sous l'angle de 3°, cette pénétration a été de 1 mètre dans la maçonnerie, et de 1m60 dans les terres (Expériences de l'île d'Aix) (1).

« La hausse latérale du canon de 12 rayé de siége est inclinée; son inclinaison corrige la dérivation. On emploie la charge maximum (1,200 gram.) aux grandes distances, ou lorsqu'on veut obtenir de grands effets de pénétration comme dans le tir en brêche. Les charges de 1 kilog. et de 800 gram. peuvent être employées avec avantage aux moyennes et petites distances, principalement dans le tir contre des batteries. La charge de 1 kilog., avec la hausse de 134 mill. donne des portées de 2,000 mètres, et la

---

(1) Quant aux résultats de la puissance du choc dans le tir plongeant, ils sont indiqués dans l'exposé que nous donnons plus loin des expériences faites à l'île d'Aix en 1863-64.

charge de 800 gram., avec la hausse de 136 mill., donne des portées de 1,600 mètres. » (Comité de l'artillerie, 18 septembre 1867).

Charges et hausses pour le tir plongeant du canon de 12 rayé de campagne qui est encore en service.

Pour l'exécution du tir plongeant, le canon de 12 rayé de campagne emploie la charge de 300 gram. entre 500 et 900 mètres, et la charge de 550 gram. entre 900 et 1,600 mètres. Les angles de tir varient dans le 1er cas entre 7° 30' et 15° 30' (hausse 105 mill. et 222 mill.), et dans le 2e cas entre 7° 3' et 13° 50' (hausse 97 mill. et 198 mill.) (*Aide-mémoire de l'artillerie de campagne*).

Le canon de 12 rayé de place.

Le canon de 12 rayé de place ne diffère du canon de 12 rayé de siége qu'en ce qu'il est plus long et par conséquent plus lourd (1,560 kilog. au lieu de 865 kilog.). C'est l'ancien canon à âme lisse de place qu'on a rayé. Tous deux emploient les mêmes projectiles.

Avec les mêmes charges, les mêmes angles, les conditions de tir, de justesse, de portée, de pénétration dans les différents milieux, sont très sensiblement les mêmes. Comme il est plus pesant que le 12 rayé de siége, il peut naturellement supporter de plus grandes charges, et produire par conséquent de plus grands effets aux mêmes distances; mais il est un peu lourd, aussi n'est-il appliqué, en principe, qu'à la défense des places.

On le tire ordinairement par-dessus l'épaulement sur un affût spécial, *dit de place*, monté sur un châssis. On peut encore le tirer sur le même affût monté sur barbette, ou par embrasure sur lisoir directeur.

« La hausse latérale est inclinée; son inclinaison corrige la dérivation. On emploie la charge maximum (1,400 gram.) aux grandes distances, ou lorsqu'on veut obtenir de grands effets de pénétration. Avec cette charge de 1,400 gram. et une hausse de 386 mill., le projectile atteint des portées de 4,000 mètres. Les charges de 1ᵏ400 et de 0ᵏ900 peuvent être employées avec avantage aux petites et moyennes distances, principalement dans le tir contre des batteries. La charge de 1ᵏ400 avec la hausse de 170 mill. donne des portées de 2,000 mètres, à la charge de 900 gram. avec la hausse de 165 mill. donne des portées de 1,600 mètres (Comité de l'artillerie, 18 septembre 1867).

Le canon de 24 rayé de siége (*Canon court*).

Poids 2,056 kilogrammes.

Ce canon, d'apparence un peu massive, n'a qu'un renfort qui vient se terminer au milieu des anses. Il n'a que 2ᵐ44 de long y compris le bouton de culasse. Il n'a pas de prépondérance à la culasse. Il a au contraire du côté de la volée un excédant de poids tel, que la charge et le projectile étant introduits dans l'âme, la pièce se trouve en équilibre autour de l'axe des tourillons. Cet axe est dans le même plan que l'axe de l'âme. Les tourillons ont 0ᵐ31 de diamètre; leur frottement dans les encastrements suffit pour assurer la solidité de la pièce dans toutes les positions tout en lui conservant assez de mobilité pour permettre de la pointer en agissant directement sur le bouton de culasse, sans avoir recours à une vis de pointage.

Pour le tir, ce canon est monté sur un affût spécial dont les flasques sont en bronze, les deux demi-flèches en fer à double T, et l'essieu en acier fondu. Les roues sont en bois comme les roues de siége, mais très renforcées. Cet affût, permet le tir sous les plus grands angles. Il pèse 1,140 kilog., roues comprises. La pièce et l'affût réunis pèsent donc ensemble 3,196 kilog.

Pour faire rouler cette pièce, on fixe à l'affût une fausse flèche qui s'adapte à un avant-train ordinaire de siége. Le tout ensemble (canon compris) pèse environ 3,825 kilog. Six bons chevaux suffisent pour traîner ce fardeau sur les routes ordinaires, et huit au plus pour le conduire à sa place de batterie dans les tranchées.

Ce canon se tire sur son affût, soit placé derrière un épaulement comme un mortier pour les feux courbes, soit par embrasure ou sur barbette pour le tir de plein fouet.

La hausse latérale est verticale : on corrige la dérivation en déplaçant à gauche l'œilleton de la quantité indiquée dans la colonne des dérives (1).

La charge varie avec les effets qu'on veut produire. Pour le tir direct, cette charge est ordinairement de 2^{k}500.

L'*obus* chargé de 1 kilog. de poudre pèse environ 24 kilog. Sa portée avec la charge de 2^{k}500 est au-delà de 5,000 mètres sous l'angle de 32° (hausse 500 mill.).

Sa justesse est supérieure à celle de l'obus de 12 rayé de siége.

Sa vitesse est telle qu'à 1,500 mètres, avec la charge

____

(1) *Voir* la table des hausses et des dérives à la fin du livre.

de 2ᵏ500, il fait brèche avec facilité dans une bonne escarpe découverte (Expériences de l'île d'Aix).

Cet obus fournit par l'éclatement, en moyenne, 24 éclats, dont 19 pèsent, en moyenne, 450 gram. chacun et qui sont animés d'une grande vitesse. Dans le tir en brèche, ces éclats écrasent la maçonnerie et brisent les gros blocs qui se détachent, ce qui rend plus rapidement la brèche praticable.

La *boîte à mitraille* contient 112 balles en fer du nᵒ 5 et pèse environ 24 kilog.

Pour indiquer d'une manière sensible la puissance du choc, dans le tir direct, de l'obus de 24 contre des obstacles matériels, nous dirons qu'à 1,200 mètres, avec la charge de 2ᵏ500, sous l'angle de 4° 3/4, sa pénétration a été de 0ᵐ70 dans un mur d'escarpe, et de 1ᵐ80 dans les terres rassises d'un parapet. A 670 mètres, et sous l'angle de 3°, cette pénétration a été de 1ᵐ20 dans la maçonnerie, et de 2ᵐ30 dans le parapet (Expériences de l'île d'Aix) (1).

« On emploie la charge maximum (2ᵏ500) aux grandes distances, ou lorsqu'on veut obtenir de grands effets de pénétration, comme dans le tir en brèche. Avec cette charge de 2ᵏ500 et une hausse de 368 mill.,

____

(1) Les résultats de la puissance de ce choc dans le tir plongeant sont indiqués dans l'exposé que nous donnons plus loin des expériences faites à l'île d'Aix en 1863-64.

le projectile atteint des portées de 4,500 mètres. Les charges de 2 kilog. et de 1ᵏ500 peuvent être employées avec avantage aux petites et moyennes distances, principalement dans le tir contre les batteries. La charge de 2 kilog. avec la hausse de 138 mill., et la charge de 1ᵏ500 avec la hausse de 200 mill. donnent des portées de 2,000 mètres. » (Comité de l'artillerie, 26 juin 1865).

Par ses grandes portées, sa très grande justesse, la très grande puissance de son projectile contre des obstacles matériels, sa légèreté relative et la facilité avec laquelle on le manœuvre, le canon de 24 de siége nous paraît être la plus belle et la meilleure bouche à feu de siége que l'artillerie française ait encore possédée.

Le canon de 24 rayé de place (*Canon long*).

Poids 2,754 kilogrammes.

Ce canon est l'ancien canon de 24 à âme lisse qu'on a rayé. Il est plus long et pèse 700 kilog. de plus que le 24 court. Son affût pèse 1,000 kilog. Chargé de son canon et attelé à un avant-train de siége, le tout ensemble pèse environ 4,205 kilog. Six bons chevaux suffisent pour traîner ce fardeau sur les routes ordinaires, et huit au plus pour le conduire sur les terre-pleins des remparts.

Le canon de 24 de place est tiré par embrasure sur son affût ordinaire, et par-dessus l'épaulement sur barbette, ou bien monté sur un affût *dit de place*, placé sur grand châssis.

Sa charge varie avec les effets qu'on veut produire. Pour le tir direct aux grandes distances, cette charge est ordinairement de 2^{k}500.

Il emploie les mêmes projectiles que le 24 court.

La portée de but en blanc est de 460 mètres (en pointant par les crans de mire de la culasse et du bourlet). Lorsqu'on tire avec la charge de 2^{k}500 sous un angle plus grand que 1°15', mais inférieur à 11°, le projectile atteint des portées de 3,300 mètres. Sous l'angle de 35°, on atteint une portée extrême de 5,500 mètres environ.

On peut avec l'affût de siége tirer jusqu'à 3,000 mètres environ sans être obligé de modifier la plate-forme pour abaisser la crosse. L'angle maximum que permet l'affût est de 14° 3'.

Ce canon est pourvu d'une hausse latérale verticale qui corrige la dérivation en déplaçant à gauche l'œilleton de la quantité indiquée dans la colonne des dérives (1).

Sa justesse est la même que celle du 24 court.

Toutes choses égales, la pénétration des projec-

---

(1) *Voir* à la fin du livre le tableau de ces dérives.

tiles dans les différents milieux, et par conséquent leur vitesse est la même.

« On emploie la charge maximum (2^k500) aux grandes distances, ou lorsqu'on veut produire de grands effets de pénétration. Avec cette charge et une hausse de 377 mill., le projectile atteint des portées de 4,000 mètres. Les charges de 2 kil. et de 1^k500 peuvent être employées avec avantage aux petites et moyennes distances, principalement dans le tir contre les batteries. La charge de 2 kil. avec la hausse de 181 mill., et la charge de 1^k500 avec la hausse de 258 mill. donnent des portées de 2,000 mètres. » (Comité de l'artillerie, 26 juin 1865).

On peut remarquer que pour donner les mêmes portées avec les mêmes charges, le 24 long exige des hausses plus grandes que le 24 court. Sa dérivation est aussi plus grande. Cela peut s'expliquer par la différence de longueur des volées des pièces. La même remarque s'applique au 12 rayé de siége comparé au 12 rayé de place.

Nota. Nous considérons, pour notre part, les canons rayés longs de 12 et de 24 de place comme destinés à disparaître. Leur conservation nous semble devoir être attribuée surtout à une pensée d'économie de refonte et d'affûts.

Notre étude des canons rayés de siége et de place est terminée quant à leur description et à leurs principaux effets. Comme on vient de le voir, l'artillerie possède pour les siéges et pour la défense des places *deux canons rayés de 12 et deux canons rayés de 24.* Notre artillerie rayée de siége et de place se réduit donc à *deux calibres* et à *deux projectiles*, le 12 et le 24. Pour achever de les faire connaître au point de vue pratique, il ne reste plus qu'à indiquer sommairement les principaux résultats des expériences auxquelles ils ont été soumis.

Les expériences faites à l'île d'Aix en 1863-64 nous ayant paru être les plus complètes et les plus concluantes, nous puiserons nos renseignements dans le rapport de la commission qui a fait ces expériences, et dans les avis émis par les comités de l'artillerie et du génie.

EXPOSÉ SOMMAIRE *des résultats obtenus dans les expériences faites à l'île d'Aix en 1863-64 avec les canons rayés de 12 et de 24 de siége et de place, le canon de 50 et le mortier de 32 cent.*

Une commission nommée par le ministre de la guerre et composée d'officiers d'artillerie et du génie, a été chargée de faire ces expériences.

Les principales dispositions contenues dans le programme des deux années étaient les suivantes :

1º *Tir en brêche aux grandes distances avec les canons de 12 et de 24 rayés*,

A 1,200 mètres, contre des escarpes découvertes sur la moitié de la hauteur ;

A 1,200 mètres et 670 mètres, contre des escarpes découvertes sur 1 mètre de hauteur ;

Aux mêmes distances, contre des escarpes dérobées aux vues des assiégeants.

2º *Essai de rasement des parapets* au moyen de l'explosion des projectiles oblongs, à des distances variant de 670 à 250 mètres.

3º *Tir contre des abris blindés et des voûtes en maçonnerie* en vue de comparer les effets produits par les obus oblongs de 24 et de 50 tirés sous de grands angles, avec ceux de la bombe de 32 cent.

Des batteries blindées construites sur les bastions devaient être soumises non-seulement à l'épreuve de ces feux courbes, mais encore au tir de plein fouet des canons de 12 et de 24 rayés.

La commission opéra contre un fort dit *fort Liédot*, qui est un carré bastionné régulier, et dont la maçonnerie des escarpes peut être estimée comme maçonnerie *bonne ordinaire*, mais ayant un parement formé de matériaux tendres. Les parapets sont en terres fortes, restant en mottes.

Donnons une fois pour toutes quelques indications

essentielles formulées par la commission et qui lui ont paru ressortir de ses expériences.

La commission a admis en principe que *la hauteur du milieu de l'escarpe à couper peut être considérée comme une limite qu'il sera toujours nécessaire d'atteindre contre des fortifications analogues à celles du fort Liédot.*

Deux cas essentiels sont alors à considérer :

1° Celui où l'escarpe à couper est visible de la batterie sur la moitié de sa hauteur;

2° Celui où l'escarpe n'est pas visible du tout, ou ne l'est que très peu.

Dans le 1er cas, on emploie tout naturellement *le tir de plein fouet*, et une bonne lunette suffit pour apprécier et corriger de la batterie même les écarts des projectiles et les irrégularités du tir.

Dans le 2e cas, on fait usage *du tir plongeant* sous un angle tel que les coups qui viendront raser le sommet de la masse couvrante puissent atteindre l'escarpe au moins vers le milieu de sa hauteur. *Cet angle de chute*, et par suite *l'angle maximum* de tir qu'il convient d'employer dépendent, dans chaque cas particulier, *de la distance de la ligne couvrante à l'escarpe, et de la quantité dont cette ligne se trouve au-dessus du milieu de la hauteur de l'escarpe.* La connaissance de ces deux données est indispensable.

Pour le cas où l'escarpe est vue sur la moitié de sa hauteur, et où l'on emploie, par conséquent, le tir de

plein fouet, la commission a admis la méthode de tir
suivante : *Diriger d'abord le tir de manière à atteindre
l'escarpe vers le milieu de sa hauteur : relever ensuite
les coups progressivement en cherchant à approfondir
la brèche au fur et à mesure que l'on se rapproche de
la magistrale; la chute du revêtement entraine celle
de la partie correspondante du parapet déjà fortement
ébranlée par les projectiles qui ont porté trop haut,
et quelques coups dirigés vers le sommet de la brèche
suffisent pour achever de la rendre praticable.*

Pour le cas où l'escarpe est dérobée aux vues de
l'assiégeant sur la plus grande partie de sa hauteur,
et que l'on ne peut apercevoir qu'une bande étroite
de maçonnerie, l'emploi du tir plongeant devient,
comme nous l'avons dit, obligatoire. *L'angle de tir
maximum déterminé par la condition d'atteindre le
milieu de la hauteur de l'escarpe est employé pour com-
mencer la brèche, et peut être conservé jusqu'à ce que le
sommet du talus des décombres apparaisse se détachant
sur la partie visible de l'escarpe au-dessus de la masse
couvrante. A partir de ce moment, on emploie le tir à
la charge de guerre contre le sommet de l'escarpe et
contre le parapet.*

Si les maçonneries sont entièrement couvertes,
l'indication fournie par l'apparition du talus des décombres manque entièrement, et l'on doit, à for-
tiori, employer presque exclusivement le tir sous l'angle
maximum. Toutefois, on pourra employer un angle

*plus petit et conséquemment une charge plus forte, quand
on apercevra dans le parapet de profondes découpures,
indice à peu près certain de l'éboulement des maçonneries. Vers la fin du tir, la nature des matériaux projetés
par l'explosion des obus, et le bruit plus ou moins sourd
de leurs détonnations, indiqueront le moment où la
brèche pourra être entièrement terminée par quelques
coups à forte charge contre la partie supérieure du
parapet.* Ces observations ont suffi à la commission
pour mener à bonne fin l'exécution d'une brèche dans
une escarpe complétement couverte, sans qu'il ait
été nécessaire d'aller sur les lieux examiner la marche
des effets produits.

Si les maçonneries sont à une petite distance en
arrière de la masse couvrante et profondément dérobées aux vues des assiégeants, la grandeur de
l'angle de tir maximum qu'il conviendrait d'adopter
pourra être telle *que l'on doive renoncer à battre en
brèche d'une manière profitable.* La limite de cet angle
variera suivant la nature des revêtements et la distance de la masse couvrante à l'escarpe. La commission a pensé que pour des murs d'escarpe comme
ceux du fort Liédot, cette limite serait l'angle de
10° pour le 12, et l'angle de 12° pour le 24 pour
les distances comprises entre 670 et 1,220 mètres
(L'angle de chute est de 2 degrés environ plus grand
que l'angle de tir).

Tir oblique. La commission a cherché l'angle

limite sous lequel les maçonneries doivent se présenter à la ligne de tir pour que des obus oblongs munis de fusées percutantes, produisissent encore sur elles des effets notables de pénétration. D'après ces essais, et sur des maçonneries comme celles du fort Liédot, l'angle limite pour le tir oblique serait: pour le 12 rayé, 24 degrés l'escarpe étant à droite, et 25 degrés l'escarpe étant à gauche; pour le 24 court rayé, 24 degrés l'escarpe étant à droite, et 28 degrés l'escarpe étant à gauche.

Le tir oblique a été exécuté à des distances qui ont varié de 98 à 42 mètres.

Dans les différents tirs en brèche, les projectiles ont toujours été armés de fusées percutantes, et la commisssion déclare que l'emploi exclusif de ces fusées a contribué puissamment à l'efficacité de la méthode employée, *en ajoutant à l'effet utile produit par le choc de l'obus celui qui résultait de son explosion.*

Tir en brèche aux grandes distances.

Escarpes découvertes sur la moitié de leur hauteur.

TIR A 1,247 MÈTRES.

Tir avec le 12 rayé de siége. — L'escarpe avait 2^{m}50 d'épaisseur. La distance du pied de l'escarpe à la

ligne couvrante était de 12 mètres environ. — Charge
employée : 1ᵏ200, — angle de tir 4°10 ', — charge
de poudre de l'obus : 500 grammes.

Après 650 coups tirés, la brèche était praticable.
370 obus avaient atteint la maçonnerie, et 70 le parapet.

Tir avec le 24 court. — Charge 2ᵏ500, — charge de
de l'obus 1 kilog. La brèche était faite et rendue praticable après 270 coups. 175 obus avaient atteint la
maçonnerie ou le parapet.

La commission considère comme certaine la possibilité de faire brèche jusqu'à 1,500 mètres avec le
canon de 24 court rayé, dans une escarpe découverte sur la moitié de sa hauteur.

*Escarpe vue de la batterie sur une hauteur de 1ᵐ27
seulement.*

TIR A 1,210 MÈTRES.

L'escarpe avait 7ᵐ60 de hauteur et 2ᵐ50 d'épaisseur.

La distance de la ligne couvrante au revêtement
était de 18ᵐ43.

Tir avec le 12. — Après quelques coups d'essai, la
commission adopta comme angle maximum de tir

celui de 8° et la charge de 675 grammes qu'elle conserva jusqu'à ce que la brèche fût assez avancée pour qu'elle crût opportun de remplacer cette charge par celle de 1k200.

Dans un tir total de 967 coups dont 300 à cette dernière charge, 568 obus avaient atteint l'escarpe ou le parapet, et la brèche était praticable sur une largeur de 7m70.

Tir avec le 24. — A très peu près dans les mêmes conditions, une brèche fut faite avec le 24 rayé long et court. Le tir fut commencé sous l'angle 7°30 ' avec la charge de 1k430 pour le 24 court, et celle de 1k300 pour le 24 long. Après 300 coups, la brèche était assez avancée pour que le tir de 94 obus à la charge de 2k500 achevât de la rendre praticable sur une largeur de 7m40. Sur le nombre total de coups tirés (394), 219 avaient produit un effet utile.

<hr>

TIR A 670 MÈTRES.

L'escarpe avait la même hauteur et la même épaisseur que la précédente, et était vue de la batterie sur une hauteur de 1m28. La distance de la ligne couvrante à l'escarpe était de 19m70.

Tir avec le 12. — La brèche commencée et exécutée en grande partie avec la charge de 435 grammes sous l'angle de 8° en relevant successivement le pointage, a été terminée par le tir de 56 obus à la charge de 1ᵏ 200. Sur 500 coups tirés, 359 ont atteint le parapet et la maçonnerie. La brèche était praticable sur une largeur de 4 mètres avec une pente moyenne de 34°.

Tir avec le 24 court. — La brèche a été faite et rendue praticable après un tir de 180 coups à la charge de 835 grammes sous l'angle de 8°, et 50 coups à la charge de 2ᵏ 500, en tout 230 obus tirés, 190 avaient atteint la maçonnerie ou le parapet. L'escarpe était attaquée et détruite sur une longueur de 13 mètres à la magistrale ; la rampe avait une pente moyenne de 35°, et une largeur praticable de 4ᵐ50 ; le parapet se trouvait réduit à une épaisseur moyenne de 1ᵐ70. Vingt-quatre canonniers ont atteint aisément le sommet de la brèche en 25".

REMARQUES ET OBSERVATIONS.

On peut remarquer que la brèche faite à 670 mètres a exigé, *proportionnellement à sa largeur praticable,* une plus grande quantité de coups que la brèche exécutée à 1,210 mètres dans les mêmes conditions. Ce résultat est la conséquence naturelle de la diminution des vitesses et des pénétrations des projectiles tirés sous le même angle, mais avec des changes beaucoup plus faibles.

Les quantités de fonte mise dans la brèche sont
à peu près égales quelque soit le calibre employé,
*pour une même largeur praticable obtenue dans les
mêmes conditions :* différentes, au contraire, pour un
même calibre lorsque les conditions de charges et par
suite de vitesses viennent à changer.

Il ne suffit pas d'ailleurs, au point de vue pratique, de considérer la quantité de fonte mise dans
la brèche : aux grandes distances, tous les coups
n'atteignent pas le but, et il faut tenir compte de la
justesse du tir, ou, ce qui revient au même, de la
quantité totale de fonte consommée. Sous ce rapport, le canon de 24 a eu à 670 comme à 1,240
mètres une grande supériorité sur le 12.

Escarpes entièrement couvertes.

TIR A 1,220 MÈTRES.

L'escarpe avait 7^m 60 de hauteur, 1^m20 d'épaisseur
au sommet et 1^m63 à la partie inférieure. La distance de la ligne couvrante au sommet du revêtement était de 20 mètres.

Tir avec le 12. — La ligne couvrante, vue de la batterie, se projetait à 0^m24 au-dessus de la magistrale.
Dans ces conditions, les projectiles devaient arriver
sous un angle de chute de 11° 1/2 environ pour atteindre
l'escarpe au moins vers le milieu de sa hauteur. La

commission adopta en commençant l'angle du tir maximum de 10°, et employa successivement des angles de plus en plus petits suivant le degré d'avancement de la brèche.

Celle-ci fut terminée après un tir de 450 coups à la charge de 570 grammes sous l'angle maximum de 10° ; 75 coups à la charge de 675 grammes sous l'angle de 8° ; 328 coups à la charge de 830 grammes sous l'angle de 6° ; 165 coups à la charge de 1ᵏ200.

Sur ces 1,018 projectiles, 475 avaient atteint la maçonnerie ou le parapet. La rampe formée par les décombres s'étendait du fond du fossé à la plongée sous une pente générale de 34° 1/2. Elle fut franchie par vingt-quatre canonniers en armes en moins d'une demi-minute.

Tir avec le 24 long. — La partie supérieure de l'escarpe n'était vue de la batterie que sur une hauteur de 0ᵐ08°. Après un tir de 60 coups sous l'angle de 8° à la charge de 1ᵏ300, et de 240 coups à la charge de 1ᵏ060 sous l'angle de 10°, la brèche se trouva assez avancée pour qu'on pût la terminer par un tir de 80 coups à la charge de 2ᵏ500. Sur les 380 coups tirés, 281 avaient atteint l'escarpe ou le parapet.

TIR A 670 MÈTRES.

L'escarpe avait 7ᵐ60 de hauteur et 2ᵐ20 d'épaisseur au sommet. La distance de la ligne couvrante au mur était de 20 mètres.

Tir avec le 12. — L'escarpe était couverte de 0m23 au-dessus de la magistrale par rapport au niveau de la batterie.

La commission s'était imposé l'obligation de ne pas aller observer les effets obtenus.

Il fut tiré 866 coups, savoir :

160 à la charge de 355 grammes sous l'angle de 10° ;

665 à la charge de 435 grammes sous l'angle de 8° ;

41 coups à la charge de 560 grammes sous l'angle de 6°.

866

Quatre cent soixante-sept projectiles atteignirent la brèche, et l'on put constater après le tir l'existence d'une rampe ayant une pente moyenne de 34°, une largeur maximum de 3m80, et s'élevant d'une manière continue jusqu'à la plongée : le parapet était réduit à une épaisseur de 1 mètre avec un rasement maximum de 0m65 sur une longueur de 4 mètres. Cette brèche fut franchie par vingt-quatre canonniers en tenue de travail en 19" en moyenne.

Tir avec le 24 court. — L'escarpe était vue de la batterie sur une hauteur de 0m25 seulement. 339 coups suffirent pour rendre la brèche praticable. Les 120 premiers coups furent tirés avec la charge de 675 grammes sous l'angle de 10°; 211 coups à la charge de 835 grammes sous l'angle de 8°; et enfin, 8 coups

seulement à la charge de 2ᵏ500 sous l'angle de 8°.
Sur les 339 obus tirés dans ces diverses conditions,
258 avaient atteint le parapet ou l'escarpe.

Rasement des parapets.

Tir avec le 12. — Après un tir de plein fouet de 70
coups avec la charge de 1ᵏ200, à la distance de 670
mètres, contre un parapet en terre de 6 mètres
d'épaisseur, la commission a conclu qu'on ne devait
pas compter sur la puissance explosive de l'obus
oblong de 12 pour arriver directement au rasement
d'un parapet, ni au rasement d'une crête de glacis
en terre dans le but de démasquer la partie supérieure d'une escarpe entièrement couverte.

A la distance de 560 mètres, l'obus de 12 péné-
trait dans les terres de 1ᵐ60, et celui de 24 de 2ᵐ20 à
2ᵐ30. Ce n'est donc pas à leur défaut de pénétration
que l'on doit attribuer le peu d'effets qu'ils produisent
dans les parapets, mais à l'insuffisance de leur action
explosive pour disperser les terres.

Tir avec le 24. — Les essais faits aux mêmes distances et dans le même but que ci-dessus, ont fait
penser à la commission que le rasement d'un parapet de 6 mètres d'épaisseur pourrait être obtenu
avec le 24 rayé, mais en consommant une quantité

de projectiles hors de proportion avec les résultats qu'on obtiendrait.

Quant au rasement de la crête d'un glacis *en terre* avec le 24 pour découvrir l'escarpe, la commission déclare qu'elle a dû renoncer à cette expérience, du moins jusqu'au moment où l'on sera parvenu à faire usage de projectiles explosifs d'une plus grande puissance que le 12 et le 24.

Tir sous de grands angles contre les terres, les voûtes en maçonnerie et les blindages.

Dès le début de cette série d'expériences, la commission reconnut qu'elle devait renoncer à tirer sous de grands angles le canon de 24 rayé en raison de l'insuffisance des effets produits sur les voûtes et même sur les blindages. Il était dès lors inutile d'appliquer le canon de 12 rayé à ce genre de tir.

On se borna donc au tir du mortier de 32 cent. et du canon de 50 rayé. Ce tir eut lieu aux distances de 1,220 et de 2,635 mètres sous les angles de 35 et de 45 degrés.

Nota. Le mortier de 32 cent. faisant partie de nos équipages de siége, il nous a paru utile de donner les principaux résultats de ces expériences.

EFFETS PRODUITS DANS LES TERRES.

A la distance de 1,220 mètres, la bombe de 32 a pénétré dans les terres de 1ᵐ27, et son explosion a produit des entonnoirs de 2ᵐ05 à la surface du sol.

A la même distance, les effets de l'obus de 50 ont été sensiblement plus faibles. Sa pénétration n'a été que de 0ᵐ80 en moyenne, c'est-à-dire très peu différente de celle de l'obus de 24 (0ᵐ70) tiré dans les mêmes conditions.

A la distance de 2,636 mètres, l'obus de 50 a pénétré à une trop grande profondeur pour que son explosion pût rejeter les terres et former un entonnoir. La pénétration totale mesurée verticalement a été de 2ᵐ35 en moyenne.

A la même distance, les bombes de 32 déterminèrent des mouvements de terre très considérables, et leur tir serait très redoutable *s'il était moins incertain*.

EFFETS PRODUITS SUR LES VOUTES.

Les résultats produits sur une voûte de casemate atteinte par 15 bombes de 32 et 1 obus de 50 tirés à 1,220 mètres, ont permis à la commission de formuler les conclusions suivantes : Les voûtes de 1 mètre d'épaisseur, inclinées de 20 à 30 degrés, peuvent résister à un tir très prolongé exécuté sous de grands angles (35 et 45 degrés) avec le mortier de 32 cent. et le canon rayé de 50, alors même que les chapes de ces voûtes ne seraient recouvertes que de 0m30 de terre. *En faisant varier cette épaisseur de terre jusqu'à 2 mètres , on assure la plus complète sécurité aux défenseurs qui chercheraient un abri sous ces voûtes.*

EFFETS PRODUITS SUR LES BLINDAGES.

On a tiré d'abord à 1,220 mètres sur deux blindages horizontaux recouverts l'un de rails de chemins de fer jointifs, l'autre de poutres de sapin de 0m30 d'équarrissage. Ces deux blindages étaient recouverts d'une double couche de palissades recroisées et de 1 mètre de fumier, ou de varech et de terre. *Aucun des deux n'a résisté.*

Deux blindages inclinés à 2 mètres de hauteur sur 1 de base appuyés contre un épaulement, et recouverts à peu près comme les précédents, *n'ont résisté que médiocrement.*

Deux autres blindages horizontaux recouverts l'un

de trois couches de poutres en sapin de 0ᵐ30 cent. d'équarrissage, l'autre de 2 couches de poutres de chêne en grume de 0ᵐ40 d'équarrissage et recouverts l'un et l'autre de 0ᵐ30 de fumier et 0ᵐ70 de terre, *n'ont résisté que médiocrement.*

Un blindage incliné s'appuyant contre un mur et formé d'une double couche d'ormes ou de chênes en grume de 0ᵐ40 de diamètre recouverte d'une couche de terre bien damée de 2 mètres d'épaisseur, *a résisté suffisamment.*

En résumé, la commission pense que les blindages horizontaux formés de trois couches de poutres, et ceux inclinés formés de deux couches, peuvent résister *dans une certaine mesure*, au tir des bombes de 32 cent. à 1,220 mètres.

Pour nous, ce qui fait la sécurité des blindages horizontaux qui sont garantis du tir de plein fouet, est le peu de justesse des mortiers aux grandes distances.

Pour conclure, la commission pense que les voûtes recouvertes de terre auront toujours une immense supériorité sur les blindages en bois, et qu'il serait à désirer qu'elles fussent employées pour les batteries blindées que l'on aurait à établir sur les terrepleins.

Les effets destructeurs de la bombe de 32 sont beaucoup plus considérables que ceux de l'obus de 50; mais ce dernier a une justesse beaucoup plus grande, surtout aux grandes distances. La solution de la question serait dans la construction d'une bouche à feu qui réunirait l'effet puissant de la bombe de 32 à la justesse de la pièce de 50. En attendant, la commission pense qu'il sera prudent de conserver dans nos équipages de siége le mortier de 32 et même celui de 27 centimètres.

Tir de plein fouet avec le 12 et le 24 rayés contre les batteries blindées.

Les batteries blindées établies sur les terre-pleins des remparts n'ont pas résisté au tir de plein fouet exécuté contre elles à 670 et à 1,200 mètres avec du 12 et du 24 rayés. Les embrasures ont été rapidement désorganisées et encombrées : les poutres des couvertures ont été brisées, et ont fourni des éclats de bois très dangereux.

La commission émet l'avis, qu'il serait peut-être moins dangereux, au point de vue du tir de plein fouet des assiégeants, *d'être à découvert sur un parapet tirant à barbette que protégé par une batterie blindée.*

LES FORTIFICATIONS CUIRASSÉES.

Les fortifications cuirassées n'existent encore qu'à l'état de projet dans les places qui ont des vues sur la mer ou sur des fleuves accessibles aux bâtiments de guerre munis d'une artillerie puissante, et cette artillerie serait trop pesante pour pouvoir être traînée par des chevaux sur le terrain des attaques ; or, notre livre n'a pour objet que l'artillerie de terre.

Cependant la commission de l'île d'Aix ayant à deux reprises fait des expériences de tir contre cette espèce de fortification avec des canons rayés de la marine et des canons rayés de l'armée de terre, nous croyons devoir donner un exposé très sommaire de ces expériences.

Au fort d'Enet, en 1863, on a tiré avec des canons de 30 et de 50 de la marine contre un masque composé de 54 madriers en fer dont 19 en fer au bois, 35 en fer au coke, ayant 0^{m}25 d'épaisseur, 0^{m}40 de hauteur, et 5^{m}40 de longueur.

Ce masque a été atteint par :

1° 23 boulets sphériques de 50 tirés avec la charge de 8^{k}330, aux distances de 800, 500, 400 et 300 mètres ;

2° 75 boulets en acier, *dits boulets de choc*, tirés par un canon rayé de 30, avec la charge de 7^{k}500.

aux distances de 800, 500, 400, 300 et 200 mètres ;

3º Enfin, par 12 obus oblongs de 30 tirés avec la charge de 3ᵏ500 aux distances de 800, 500 et 400 mètres.

Dès le début de l'expérience, on constata une grande différence entre les madriers au bois et ceux au coke. Après la deuxième séance de tir, 29 madriers au coke atteints quatorze fois, présentaient 20 fentes extérieures, 20 intérieures et 3 éclats : on n'apercevait, au contraire, aucune fissure sur les madriers en fer au bois qui portaient cependant 18 empreintes. La commission ne tint compte dès lors que des effets de résistance des madriers en fer au bois.

Sur ces madriers, les boulets de 50 en fonte se brisaient en produisant seulement des empreintes, *et les obus de 30 faisaient encore moins d'effet ;* aussi, à partir de la cinquième séance, on ne tira plus que des boulets de choc en acier.

A 800 mètres, ils ne produisirent que des fissures ; à 400 et à 300 mètres, après le tir successif de 30 boulets de choc, on constata 8 fentes et une rupture de madrier ; à 200 mètres, après un tir de 18 boulets, quelques madriers furent brisés et d'autres courbés.

En 1869, de nouvelles expériences ont été faites. Le masque était formé de madriers en fer de différentes longueurs, de 35 cent. de largeur, d'une épaisseur moyenne de 15 cent., assemblés en queue d'aronde et réunis vers leurs extrémités au moyen de deux arcs-boutants. Ce masque avait vers son milieu une ouverture représentant une embrasure de casemate dans un épaulement cuirassé.

Les obus du 12 et du 24 rayé tirés aux distances de 1,200, 700 et 300 mètres, n'ont fait sur ce masque que des empreintes insignifiantes variant de 3 à 5 mill. de profondeur.

On a tiré alors avec le 24 rayé long, à la charge de 2ᵏ650, des projectiles massifs du poids de 32 kilogrammes. 60 coups ont été tirés à 1,200 mètres, et 50 à 700 mètres.

La pénétration des projectiles a été sensiblement la même aux deux distances ; elle a varié entre 70 et 110 mill. En arrière des empreintes les plus profondes, on observait des bosselures sur lesquelles on remarquait des fentes dirigées dans le sens de la longueur des madriers. L'extrémité d'un madrier près de l'embrasure, a été rompue par un projectile et projetée à 5 mètres de distance dans la casemate. Les assemblages en queue d'aronde ont mal résisté.

En somme, il a paru démontré que le masque, tel qu'il avait été établi, ne résisterait pas à un tir prolongé de projectiles massifs du 24 rayé tirés à 1,200 et à 700 mètres.

Le 24 rayé long de place monté sur affût de siége a assez bien supporté le tir.

Ce masque n'a pas résisté au tir du canon rayé en fonte frettée de 16 cent. de la marine lançant avec la charge de 7ᵏ500, des projectiles massifs du poids de 45 kilogrammes, aux distances de 1,200 et de 700 mètres ; plusieurs projectiles l'ont traversé.

Ces différentes expériences démontrent, selon nous, que la question d'une fortification cuirassée d'un emploi relativement facile et suffisamment résistante, n'est pas encore résolue.

RÉSUMÉ

De l'étude à laquelle nous nous sommes livré sur les canons rayés de 12 et de 24 de siége et de place, et qui n'est qu'une simple exposition de faits ;

Des expériences qui ont été faites et de leurs résultats ;

Il reste acquis :

1° *Que les canons de siége ont une portée qui s'étend pour le 12 au-delà de 4,000 mètres, et pour le 24 au-delà de 5,000 mètres ;*

2° *Qu'à 3,000 mètres au moins, ces canons ont une grande justesse, et que leurs projectiles sont animés d'une grande vitesse ;*

3° *Qu'ils sont assez légers, assez maniables pour*

pouvoir être amenés sans grands efforts jusqu'à leur place de batterie dans les tranchées;

4° Que la possibilité de faire brèche au moyen du tir direct jusqu'à 1,200 mètres avec le 12, et jusqu'à 1,500 mètres avec le 24, dans une escarpe découverte sur la moitié de sa hauteur, est certaine;

5° Qu'au moyen du tir plongeant, on a la possibilité matérielle de faire, jusqu'à 1,200 mètres, une brèche praticable dans une escarpe couverte, pourvu qu'on puisse employer un angle de tir qui ne soit pas de plus de 10 degrés pour le 12, et de plus de 12 degrés pour le 24;

6° Que le canon de 24 court a une supériorité marquée à 600 comme à 1,200 mètres sur le canon de 12, lequel a néanmoins encore une grande justesse dans le tir plongeant à cette distance; la durée du temps nécessaire pour l'exécution d'une brèche est à peu près moitié moindre avec le 24 qu'avec le 12; dans le tir rapproché, la supériorité du 24 n'existe plus et passe même à un faible degré du côté du 12;

7° Que l'écoulement des terres du parapet dans le fossé le long de la brèche lorsque l'escarpe est coupée, contribue pour beaucoup à rendre la brèche praticable, et que la résistance que ces terres opposent au tir des obus est d'autant plus grande que ces terres sont plus argileuses;

8° Que les escarpes avec voûtes en décharge valent mieux que les escarpes pleines en ce sens, qu'elles fournissent moins de décombres pour rendre les brèches praticables ;

9° Que le 12 est insuffisant pour obtenir le rasement d'un parapet de 6 mètres d'épaisseur ou de la crête d'un glacis en terre ; que le 24 est également insuffisant pour obtenir le rasement d'une crête de glacis en terre dans le but de découvrir une escarpe : qu'on pourrait bien avec le 24 obtenir le rasement d'un parapet de 6 mètres d'épaisseur, mais en dépensant une quantité de projectiles hors de proportion avec les résultats qu'on obtiendrait ;

10° Que le 12 et le 24 sont tout à fait insuffisants comme effets produits par leur tir à feux courbes sur les voûtes et même sur les blindages ; que dans les terres, ces projectiles s'enfoncent beaucoup, mais manquent de force explosive pour disperser les terres ;

11° Que les batteries blindées établies sur un terre-plein de rempart ne résistent pas au tir de plein fouet du 12 et du 24 ;

12° Enfin, que les voûtes de 1 mètre d'épaisseur, inclinées de 20 à 30 degrés et recouvertes de 2 mètres de terre, assurent la plus complète sécurité contre le tir des bombes de 32 cent. ; qu'il n'en est pas de même pour les blindages ; que le tir du mortier de 32 déjà très incertain à 1,200 mètres, manque complétement de justesse aux distances plus grandes ; que l'obus de 50 a infiniment plus de justesse que la bombe de 32, mais qu'il manque de force explosive.

Conséquences principales qui nous paraissent devoir être déduites de ces propositions au point de vue de la défense des places.

La première conséquence, celle qui résulte des *trois premières propositions*, c'est que toutes les places de peu d'étendue, celles dont le gros des habitations peut être facilement atteint du dehors, et qui pourront, par conséquent, être ruinées par un feu de quelques heures à 2,000 et même à 3,000 mètres de distance, ne tiendront pas. La France a beaucoup de ces places. Elles avaient leur raison d'être alors qu'on faisait la guerre avec des armées peu nombreuses, dont les armes avaient peu de portée ; alors qu'il n'y avait que peu de routes qu'elles barraient. Maintenant, la guerre se fait avec des armées énormes qui traînent facilement avec elles un matériel très puissant, et il y a des chemins partout. Qu'on suppose une grande bataille perdue à la frontière (et qui peut se flatter d'être toujours victorieux !), et le pays sera envahi, et ces petites places débordées de tous les côtés, isolées, enveloppées, sachant qu'elles peuvent être écrasées jusqu'à leur dernier moëllon à 2 ou 3 mille mètres de distance, se rendront. Pour le stérile honneur de tenir pendant quelques jours, les habitants ne voudront pas s'exposer, malgré tout leur patriotisme, à voir leurs habitations ruinées et leurs familles décimées. Les garnisons, surtout quand elles sont peu nombreuses, se défendent mal lorsqu'elles ne se sentent pas soutenues énergiquement par la population. Nous croyons donc que ces places, inutiles aussi longtemps que la frontière sera respectée, seront vite prises en cas d'invasion, et alors elles n'auront servi qu'à fournir à l'ennemi des armes, du matériel, des munitions, des prisonniers ; à assurer ses communications, et à l'aider à tenir dans l'obéissance le pays environnant. Elles nous paraissent donc non-seulement inutiles, mais dangereuses à conserver, et nous voudrions voir raser leurs fortifications et transporter dans les grandes places tout ce qu'elles renferment de propre à la défense.

Les grandes places, au contraire, *vastes camps retranchés*, ne pouvant être ni bloquées, ni forcées ; refuges assurés d'une armée battue qui en sortira à son heure pour prendre sa revanche : les grandes places doivent recevoir les modifications imposées par les nouvelles bouches à feu. Ces modifications sont tout naturellement indiquées par ce qui résulte des propositions admises. Ainsi :

1° *La possibilité de faire brèche aux grandes distances dans une escarpe découverte sur la moitié de sa hauteur, étant certaine,* oblige absolument à couvrir ces escarpes en élevant les crêtes des glacis. Nous savons bien qu'une grande place ne sera pas prise parce que l'assiégeant aura coupé de loin ses es-

carpes en quelques endroits ; il faudra toujours qu'il
en vienne à faire la descente du fossé pour donner
l'assaut, et, de plus, un assaut ne se donne pas à
1,000 ou même à 600 mètres ; mais ces brèches in-
quiéteront la garnison, affaibliront son moral, divi-
seront ses forces, et la nécessité de les garder la fa-
tiguera. Il faut donc les empêcher en couvrant les
escarpes comme le demande le Comité des fortifications, et nous pensons qu'il y a urgence.

2° *La possibilité de faire brèche au moyen du tir
plongeant, aux grandes distances, dans une escarpe
couverte, pourvu qu'on puisse employer un angle de
tir qui ne soit pas de plus de 10 degrés pour le 12 et
de plus de 12 degrés pour le 24*, ne laissant plus de
doute, *il faut*, *ainsi* que le demande le Comité des
fortifications, diminuer la largeur des fossés jusqu'à
ce que l'angle de chute des projectiles sur les escarpes
doive forcément être tel que ces projectiles ne puissent pas produire de dégradations sérieuses.

Dans le cas où, pour diminuer la largeur des fossés,
on jugerait convenable de porter l'escarpe en avant,
les résultats des expériences indiquent qu'il faudrait
faire les nouvelles escarpes *avec voûtes en décharge*,
et laisser à très peu près, les parapets à leur place
actuelle pour *qu'ils ne suivissent pas l'escarpe dans
sa chute* lorsque celle-ci serait coupée par le tir en
brèche.

Dans le cas, au contraire, où on jugerait convenable de porter les contre-escarpes en dedans, il faudrait faire les nouvelles contre-escarpes aussi hautes et aussi solides que possible, afin que l'assiégeant fût forcé, pour les couper et faire la descente du fossé, de venir s'établir sur le chemin couvert. Dans le cas des contre-escarpes portées en dedans, les parapets des remparts devraient être reculés de quelques mètres.

Nous considérons les deux modifications que nous venons d'indiquer comme étant seules réellement essentielles, comme indispensables et urgentes. Nos grandes places seules les recevraient, et tout d'abord sur leurs fronts les plus exposés. En joignant à ces modifications des traverses et des abris voûtés en quantité suffisante, notre système de défense serait bien près d'être en état de défier toutes les attaques.

Les canons rayés sont-ils plus avantageux à l'attaque qu'à la défense dans le siége d'une place dont les escarpes sont couvertes et qui a des abris voûtés en quantité suffisante?

Examinons :

Pour l'assiégé, la position ne nous semble nullement aggravée par les canons à grande portée, pourvu qu'il ait ses escarpes couvertes et des abris voûtés en quantité suffisante. Il recevra tout d'abord, il est vrai, dans ses masses couvrantes et dans ses parapets, des coups de canon à 12 ou 1,500 mètres, mais ce ne sont pas ces coups de canon venant de loin qui obligent une place à capituler : l'assiégé les rendra, et comme il aura pu se couvrir et se prémunir à l'avance, ces coups de canon ne lui feront pas autant de mal que les siens en feront à l'assiégeant qui est obligé, pour se couvrir et avancer, de tout créer et de tout improviser sous le feu de la place.

A partir de 4 ou 500 mètres, le tir plongeant de l'assiégeant ne vaudra pas autant, à notre avis, contre la place, que l'ancien tir à ricochet des mortiers et des obusiers ; et en supposant que l'assiégeant soit parvenu à démonter de loin quelques-uns des canons rayés de l'assiégé, celui-ci aura encore à lui opposer ses mortiers et ses obusiers à âme lisse dont les gros projectiles creux sphériques sont, aux petites distances, contre des ouvrages en terre, d'une puissance de destruction incomparable, et l'avantage (artillerie) sera encore pour lui. Quant à la mousqueterie, celle de l'assiégé sera nécessairement plus meurtrière que celle de l'assiégeant, puisqu'elle s'exercera sur des hommes moins bien couverts.

Pour l'assiégeant, il sera tout d'abord obligé d'établir ses camps, ses dépôts de munitions et de matériel, ses ateliers, à cinq ou six kilomètres au moins des saillants. La première paralle, au lieu de pouvoir être ouverte comme autrefois à 5 ou 600 mètres, ne

pourra plus l'être qu'à 12 ou 1,500. La pénétration
dans les terres des projectiles oblongs étant plus
grande et leur justesse aussi, cela obligera à donner
plus d'épaisseur aux épaulements des batteries et des
tranchées, et à mieux se défiler. Les hommes auront
5 ou 6 kilomètres à faire pour se rendre des camps à
leurs postes dans les tranchées, et très souvent
chargés.

Quel sucroît de travail, de fatigues et de dangers
comparativement à ce qui avait lieu dans les anciens
siéges ! Que de pas à faire pour arriver au couronnement du chemin couvert, à la descente du fossé et à
l'assaut ! et ces dernières opérations devront être
exécutées à 30 mètres de distance sous le feu aussi
rapide que juste des nouveaux fusils et des mitrail-
leuses.

En résumé, nous croyons que dans le siége d'une
place, les canons rayés seront plus avantageux à la
défense qu'à l'attaque, pourvu que la place attaquée
soit une place de grande étendue, dont les escarpes
soient bien couvertes contre le tir aux grandes distances, et qui ait des abris voûtés en quantité suffisante. Si ces conditions n'étaient pas remplies, ce
serait le contraire qui aurait lieu : donc, couvrons
nos escarpes et faisons des abris voûtés.

Pour terminer, qu'on nous permette, en matière d'attaque et de défense des places, d'émettre quelques propositions de détail qui ont déjà été émises en partie par quelques officiers, et dont nous avons pu personnellement apprécier l'efficacité.

Nous voudrions voir disparaître les embrasures des faces des bastions, et le plus possible aussi celles des flancs, et tirer toujours sur barbette (1) par-dessus l'épaulement. Les embrasures affaiblissent les épaulements, et sont de vrais entonnoirs qui semblent faits tout exprès pour recevoir les projectiles ennemis et les amener sur les pièces.

Nous voudrions que jusqu'à une limite que chacun comprend, la crête extérieure des épaulements *des batteries de place et de siége* fût plus élevée que la crête intérieure. Il n'est pas de moyen plus efficace pour couvrir, contre les coups directs de plein fouet, la crête des talus intérieurs, et par suite les canonniers, le matériel, les terre-pleins. Pour les batteries dont les embrasures sont à contre-pente, ce mode de construction n'aurait que des avantages. En faisant une rigole au pied des talus intérieurs, on se débarras-

______

(1) Nous considérons l'affût de place monté sur grand châssis commue trop volumineux, comme offrant trop de prise aux coups de l'ennemi, et devant, par conséquent, être vite mis hors de service.

serait, sans aucune peine, des eaux de pluie que la contre-inclinaison de la plongée amènerait dans le terre-plein. Les pièces, abritées du tir d'enfilade par les traverses, et du tir direct par ces plongées à contre-pente, seraient relativement peu exposées. A mesure que l'assiégeant s'avancerait, l'assiégé abaisserait ses barbettes et la partie de l'épaulement qui est immédiatement devant les pièces, mais seulement de la quantité rigoureusement nécessaire ; cela fournirait de la terre pour se réparer.

Nous voudrions qu'à de très rares exceptions près, il ne fût plus construit de batteries enterrées malgré leur solidité et la rapidité de leur construction. Ces sortes de batteries, surtout quand elles sont construites dans des tranchées profondes, sont des puits à bombes et à obus ; et maintenant qu'on n'emploie plus que des projectiles creux, tout projectile arrêté par le revers de la batterie (et beaucoup le sont), est un projectile dont les éclats tuent et détruisent. Mieux vaut les laisser courir, et aller se perdre dans la campagne et dans les talus extérieurs des tranchées qui sont en arrière. C'est à chacun, d'ailleurs, à se garantir de son mieux.

RÉSUMÉ ET CONCLUSION.

Comme on l'a vu, notre artillerie rayée se compose de quatre calibres :

Le 4 et le 8 pour la guerre en rase campagne,

Le 12 et le 24 pour la guerre de siége et la défense des places.

Nous avons dit leur portée, leur justesse, leur facilité de transport ou de traction, la puissance de leurs projectiles, en un mot, *les services* que chacun d'eux peut rendre. Tous ces résultats, nous les avons puisés un peu dans ce que nous avons vu, et beaucoup dans les documents qui ont un caractère officiel. Nous avons tenu avant tout à être compris des hommes pratiques en vulgarisant les notions essentielles de l'artillerie. Puissions-nous avoir réussi ! et convaincu ceux qui nous liront, que notre artillerie rayée est aussi simple que puissante, et qu'elle n'a rien à envier à aucune autre.

FIN.

MINISTÈRE DE LA GUERRE.

COMITÉ DE L'ARTILLERIE.

1865. — 26 juin.

TABLES de tir du canon de 24 de siége. — Tir direct. — Charge constante, 2k500. Ligne de mire naturelle latérale — 800 mill.

A.

PORTÉES.	Dérivation	Angle de tir.	Hausse verticale.	DÉPLACEMENT de l'œilleton.	Observations
mètres.	millim.		mill.	mill.	
400	0 65	1·20·	18.6	1.3	
500	1.05	1.40	23.3	1.7	
600	1.45	2.00	28.0	2.0	
700	1.95	2.20	33 0	2.3	
800	2 60	2.40	38.0	2.6	
900	3.30	3.02	42.5	2.9	
1.000	4.40	3.24	47.5	3.3	
1.100	5.05	3.46	52 6	3.7	
1.200	6.40	4.09	58.0	4.1	
1.300	7.25	4.32	63.4	4.5	
1.400	8.55	4.56	69.0	4.9	
1.500	10.10	5.20	74.7	5.4	
1.600	11.75	5.44	80.4	5.9	
1.700	13 70	6.08	86.0	6.5	
1.800	15.85	6.33	92.0	7.1	
1.900	18.00	7.00	98.2	7.6	
2.000	20.70	7.29	105.0	8.4	
2.100	23.65	7.58	112.0	9.1	
2.200	27.10	8.28	119.1	10.0	
2.300	30.25	8.58	126.2	10.6	
2.400	34.10	9.28	133.4	11.5	
2.500	38.10	9.58	140.6	12.4	
2.600	42.20	10.30	148.3	13.2	
2.700	46.80	11.02	156.0	14.1	
2.800	51.60	11.35	164.0	15.1	
2.900	57.00	12.08	172.0	16.1	
3.000	63.00	12.42	180.3	17.2	
3.100	69.00	13.18	189.1	18.2	
3.200	75.00	13.55	198.2	19.3	
3.300	82.00	14.35	208.1	20.5	
3.400	89.00	15.15	218.1	21.7	
3.500	95.00	15.55	228.2	22.9	
3.600	104.00	16.35	238.2	24.1	
3.700	113.00	17.20	249.7	25.5	
3.800	122.00	18.05	261.2	27.0	
3.900	131.50	18.55	274.2	28.5	
4.000	141.50	19.45	287.3	30.4	
4.100	153.00	20.40	301.7	31.9	
4.200	165.00	21.35	316.5	33.8	
4.300	177.00	22.30	331.4	35.6	
4.400	191.50	23.30	347.8	37.9	
4.500	207.00	24.10	367.4	40.5	
4.600	220.06	25.55	388.8	42.9	
4.700	237.00	27.15	412.1	45.3	
4.800	257.00	28.35	438.8	48.7	
4.900	280.00	30.10	465.0	52.8	
5.000	310.00	32.00	500 0	58.4	

TABLES provisoires de tir plongeant du canon de 24 de siége. — Angles de tir. — Portées et charges correspondantes.

Angles de tir.	8°	12°	16°	20°	24°	
Hausses verticales.	112mm4	170mm0	229mm4	291mm2	356mm2	OBSERVATIONS.
PORTÉES. mètres.	kilog.	kilog.	kilog.	kilog.	kilog.	
300	0.401	0.289	0.232	0 206	0.187	
400	0.516	0.371	0.301	0.260	0.237	
500	0.627	0.453	0.365	0.315	0.284	
600	0.736	0.532	0.430	0.368	0.332	
700	0.845	0.612	0.492	0.433	0.381	
800	0.918	0.688	0.555	0.477	0.428	
900	1.052	0.771	0.620	0.528	0.476	
1.000	1.155	0.841	0.680	0.58.	0.524	
1.100	1.260	0.915	0.718	0.635	0.570	
1.200	1.372	0.992	0.802	0.688	0.618	
1.300	1.485	1.069	0.864	0.740	0 664	
1.400	1.603	1.146	0.925	0.794	0.711	
1.500	1.727	1.225	0.985	0.845	0.758	
1.600	1.856	1.305	1.048	0.897	0.804	
1.700	2.000	1.388	1.110	0.950	0.852	
1.800	......	1.470	1.174	1.002	0.897	
1.900	......	1.558	1.240	1.055	0.945	
2.000	......	1.648	1.305	1.110	0.992	
2.100	......	1.738	1.372	1.165	1.040	
2.200	......	1.835	1.443	1.222	1.088	
2.300	......	1.937	1.516	1.280	1.138	
2.400	......	......	1.592	1.342	1.188	
2.500	......	......	1.670	1.404	1.238	
2.600	......	......	1.749	1.468	1.291	
2.700	......	......	1.830	1.535	1.347	
2.800	......	......	1.915	1.604	1.405	
2.900	......	......	2.005	1.675	1.462	
3.000	......	......	......	1.745	1.523	
3.100	......	......	......	1.817	1.586	
3.200	......	......	......	1.890	1.653	
3.300	......	......	......	1.966	1.720	
3.400	......	......	......	......	1.792	
3.500	......	......	......	......	1.865	

TABLES provisoires de tir plongeant du canon de 24 de siége. — Portées, angles de tir et dérivations.

Angles de tir.	8°	12°	16°	20°	24°	OBSERVATIONS.
Hausses verticales.	112m,4	170m,0	229m,4	291m,2	356m,2	
mètres.	mètres	mètres	mètres	mètres	mètres	
300	1.8	2.2	2.9	3.7	5.4	
400	3.0	4.2	5.0	6.5	8.8	
500	4.2	6.5	7.7	9.9	13.0	
600	5.6	8.5	10.5	13.5	17.3	
700	7.0	10.6	13.5	17.7	21.7	
800	8.3	12.6	16.3	21.0	25.6	
900	9.6	14.4	19.0	24.3	29.6	
1.000	10.8	16.1	21.4	27.4	33.4	
1.100	12.0	17.8	23.9	30.6	37.4	
1.200	12.9	19.5	26.3	33.5	41.4	
1.300	13.8	21.2	28.8	34.8	45.2	
1.400	14.4	22.8	31.4	39.9	49.3	
1.500	14.9	24.5	33.8	43.0	53.5	
1.600	15.5	26.1	36.1	46.1	57.5	
1.700	16.0	27.8	38.6	49.2	61.0	
1.800	......	29.8	41.2	52.6	65.6	
1.900	......	31.5	43.7	56.2	69.3	
2.000	......	33.5	46.1	59.5	73.7	
2.100	......	35.6	48.8	63.0	78.6	
2.200	......	37.5	51.5	66.5	82.9	
2.300	......	39.6	54.4	70.1	87.3	
2.400	......	......	57.3	73.8	92.4	
2.500	......	......	60.2	78.0	96.9	
2.600	......	......	63.4	81.3	101.7	
2.700	......	......	66.3	85.3	106.8	
2.800	......	......	69.3	89.3	111.9	
2.900	......	......	73.0	93.3	117.1	
3.000	......	......	......	97.4	122.0	
3.100	......	......	......	101.4	128.2	
3.200	......	......	......	105.6	133.2	
3.300	......	......	......	109.7	138.9	
3.400	......	......	......	......	144.7	
3.500	......	......	......	......	150.5	

TABLES provisoires de tir plongeant du canon de 24 de siége. — Angles de tir. — Portées et déplacements de l'œilleton corrigeant la dérivation.

Angles de tir.	8°	12°	16°	20°	24°	OBSERVATIONS.
Hausses verticales.	112m,4	170m,0	229m,4	291m,2	356m,2	
mètres.	mill.	mill.	mill.	mill.	mill.	
300	5.2	6.0	7.9	10.5	15.7	
400	6.0	8.5	10.3	13.8	19.2	
500	6.8	10.6	12.8	16.8	21.9	
600	7.5	11.5	14.5	19.1	25.2	
700	8.0	12.3	16.0	21.5	27.1	
800	8.4	12.8	16.8	22.3	28.0	
900	8.6	13.1	17.4	23.0	28.8	
1.000	8.7	13.2	17.7	23.3	29.2	
1.100	8.8	13.2	18.0	23.6	30.0	
1.200	8.7	13.3	18.3	23.8	30.2	
1.300	8.6	13.3	18.4	24.1	30.4	
1.400	8.3	13.3	18.6	24.3	30.8	
1.500	8.0	13.3	18.8	24.4	31.1	
1.600	7.8	13.3	18.8	24.5	31.4	
1.700	7.6	13.3	18.9	24.6	31.8	
1.800	......	13.5	19.0	24.8	31.8	
1.900	......	13.5	19.1	25.1	31.0	
2.000	......	13.6	19.1	25.3	32.2	
2.100	......	13.8	19.2	25.5	32.7	
2.200	......	13.9	19.3	25.7	33.0	
2.300	......	14.1	19.4	25.9	33.2	
2.400	......	......	19.7	26.1	33.7	
2.500	......	......	19.8	26.5	33.0	
2.600	......	......	20.0	27.6	34.2	
2.700	......	......	20.1	26.8	34.6	
2.800	......	......	20.5	27.1	34.9	
2.900	......	......	21.1	27.3	35.2	
3.000	......	......	......	27.6	35.6	
3.100	......	......	......	27.8	36.1	
3.200	......	......	......	28.1	36.4	
3.300	......	......	......	28.3	36.8	
3.400	......	......	......	......	37.2	
3.500	......	......	......	......	37.6	

1867. — 18 septembre.

CANON DE 12 DE SIÉGE.

Tables des hausses.

B.

Distances	Charge de 1ᵏ200.	Charge de 1 kil.	Charge de 0ᵏ800.	OBSERVATIONS.
	Hausses	Hausses	Hausses	
mètres.	mill.	mill.	mill.	
100	4	6	7	NOTA. — La hausse latérale est inclinée, son inclinaison corrige la dérivation. On emploie la charge maximum aux grandes distances, ou lorsqu'on veut obtenir de grands effets de pénétration, comme dans le tir en brèche. Les deux autres charges peuvent être employées avec avantage aux petites et moyennes distances, principalement dans le tir contre des batteries.
200	8	12	14	
300	12	18	22	
400	16	24	30	
500	21	30	38	
600	26	36	46	
700	31	42	54	
800	36	48	62	
900	42	54	70	
1.000	48	61	78	
1.100	54	68	87	
1.200	60	75	96	
1.300	66	82	105	
1.400	72	89	115	
1.500	79	96	125	
1.600	86	103	136	
1.700	93	110	. . . . . .	
1.800	100	118	. . . . . .	
1.900	107	126	. . . . . .	
2.000	115	134	. . . . . .	
2.100	123	. . . . . .	. . . . . .	
2.200	132	. . . . . .	. . . . . .	
2.300	141	. . . . . .	. . . . . .	
2.400	150	. . . . . .	. . . . . .	
2.500	159	. . . . . .	. . . . . .	
2.600	169	. . . . . .	. . . . . .	
2.700	179	. . . . . .	. . . . . .	
2.800	190	. . . . . .	. . . . . .	
2.900	201	. . . . . .	. . . . . .	
3.000	212	. . . . . .	. . . . . .	
3.100	224	. . . . . .	. . . . . .	
3.200	236	. . . . . .	. . . . . .	

CANON DE 12 DE PLACE.

Tables des hausses.

Distances	Charge de 1ᵏ400.	Charge de 1ᵏ100.	Charge de 0ᵏ900.	OBSERVATIONS.
	Hausses	Hausses	Hausses	
mètres.	mill.	mill.	mill.	
100	4	7	9	NOTA. — La hausse latérale est inclinée, son inclinaison corrige la dérivation. On emploie la charge maximum aux grandes distances, ou lorsqu'on veut obtenir de grands effets de pénétration, comme dans le tir en brèche. Les deux autres charges peuvent être employées avec avantage aux petites et moyennes distances, principalement dans le tir contre des batteries.
200	9	14	18	
300	14	21	27	
400	19	29	36	
500	25	37	46	
600	31	45	56	
700	37	53	66	
800	43	61	76	
900	49	69	86	
1.000	56	77	96	
1.100	63	84	106	
1.200	70	95	117	
1.300	77	104	128	
1.400	84	113	140	
1.500	92	122	152	
1.600	100	131	165	
1.700	108	140	. . . . . .	
1.800	116	150	. . . . . .	
1.900	124	160	. . . . . .	
2.000	133	170	. . . . . .	
2.100	142	. . . . . .	. . . . . .	
2.200	151	. . . . . .	. . . . . .	
2.300	160	. . . . . .	. . . . . .	
2.400	170	. . . . . .	. . . . . .	
2.500	180	. . . . . .	. . . . . .	
2.600	190	. . . . . .	. . . . . .	
2.700	201	. . . . . .	. . . . . .	
2.800	212	. . . . . .	. . . . . .	
2.900	223	. . . . . .	. . . . . .	
3.000	235	. . . . . .	. . . . . .	
3.100	247	. . . . . .	. . . . . .	
3.200	260	. . . . . .	. . . . . .	
3.300	273	. . . . . .	. . . . . .	
3.400	287	. . . . . .	. . . . . .	
3.500	301	. . . . . .	. . . . . .	
3.600	316	. . . . . .	. . . . . .	
3.700	332	. . . . . .	. . . . . .	
3.800	349	. . . . . .	. . . . . .	
3.900	367	. . . . . .	. . . . . .	
4.000	386	. . . . . .	. . . . . .	

CANON DE 24 DE SIÉGE

Tables des hausses et des dérives.

C.

| Distances | CHARGE de 2ᵏ500 | | CHARGE de 2 kilog. | | CHARGE de 1ᵏ500 | |
	hausses	dérives	hausses	dérives	hausses	dérives
mètres.	mill.	mill.	mill.	mill.	mill.	mill.
100	4	0.0	6	0.5	8	0.5
200	8	0.5	12	1.0	16	1.0
300	13	1.0	18	1.5	24	1 5
400	18	1.0	24	2.0	32	2.0
500	23	1.5	30	2.5	41	2.5
600	28	2.0	36	3.0	50	3.0
700	33	2.0	43	3.5	59	4.0
800	38	2.5	49	4.0	68	5.0
900	43	2.5	56	4.5	77	6.0
1.000	48	3.0	63	5.0	87	7.0
1.100	53	3.5	70	5.5	97	8.0
1.200	58	4.0	77	6.0	107	9.0
1.300	63	4.5	84	6.5	117	10.0
1.400	69	5.0	91	7.0	128	11.0
1.500	75	5.5	98	7.5	139	12.0
1.600	81	6.0	105	8.0	150	13.0
1.700	87	6.5	112	9.0	161	14.0
1.800	93	7.0	120	10.0	173	15.0
1.900	99	7.5	129	11.0	186	16.5
2.000	105	8.0	138	12.0	200	18.0
2.100	112	9.0	......	......	......	......
2.200	119	10.0	......	......	......	......
2.300	126	11.0	......	......	......	......
2.400	133	12.0	......	......	......	......
2.500	140	13.0	......	......	......	......
2.600	148	14.0	......	......	......	......
2.700	156	15.0	......	......	......	......
2.800	164	16.0	......	......	......	......
2.900	172	17.0	......	......	......	......
3.000	180	18.0	......	......	......	......
3.100	189	19.0	......	......	......	......
3.200	198	20.0	......	......	......	......
3.300	208	21.0	......	......	......	......
3.400	218	22.0	......	......	......	......
3.500	228	23.0	......	......	......	......
3.600	239	24.0	......	......	......	......
3.700	250	25.5	......	......	......	......
3.800	262	27.0	......	......	......	......
3.900	274	28.5	......	......	......	......
4.000	287	30.0	......	......	......	......
4.100	301	32.0	......	......	......	......
4.200	316	34.0	......	......	......	......
4.300	332	36.0	......	......	......	......
4.400	349	38.0	......	......	......	......
4.500	364	41.0	......	......	......	......

Nota. — La hausse latérale est verticale : on corrige la dérivation en déplaçant à gauche l'œilleton de la quantité indiquée dans la colonne des dérives. On emploie la charge maximum aux grandes distances, ou lorsqu'on veut obtenir de grands effets de pénétration, comme dans le tir en brèche. Les deux autres charges peuvent être employées avec avantage aux petites et moyennes distances, principalement dans le tir contre les batteries.

CANON DE 24 DE PLACE

Tables des hausses et des dérives.

| Distances | CHARGE de 2ᵏ500 | | CHARGE de 2 kilog. | | CHARGE de 1ᵏ500 | |
	hausses	dérives	hausses	dérives	hausses	dérives
mètres.	mill.	mill.	mill.	mill.	mill.	mill.
100	5	0.0	8	0.5	11	0.5
200	11	0.5	16	1.0	21	1.0
300	17	1.0	24	1.5	31	2.0
400	23	1.5	32	2.0	42	3.0
500	29	2.0	40	2.5	53	4.0
600	35	2.5	48	3.0	65	5.0
700	41	3.0	56	3.5	77	6.0
800	47	3.5	65	4.0	88	7.0
900	54	4.0	74	5.0	100	8.0
1.000	61	4.5	83	6.0	113	9.0
1.100	68	5.0	92	7.0	126	10.0
1.200	75	6.0	101	8.0	139	11.5
1.300	82	7.0	110	9.0	152	13.0
1.400	89	8.0	120	10.0	166	14.5
1.500	97	9.0	130	11.0	180	16.0
1.600	105	10.0	140	12.5	195	17.5
1.700	113	11.0	150	14.0	210	19.0
1.800	121	12.0	160	15.5	225	20.5
1.900	130	13.0	170	17.0	241	22.0
2.000	139	14.0	181	18.5	258	24.0
2.100	148	15.0	......	......	......	......
2.200	157	16.0	......	......	......	......
2.300	166	17.0	......	......	......	......
2.400	176	18.0	......	......	......	......
2.500	186	19.0	......	......	......	......
2.600	196	20.0	......	......	......	......
2.700	206	21.0	......	......	......	......
2.800	217	22.0	......	......	......	......
2.900	228	23.0	......	......	......	......
3.000	239	24.0	......	......	......	......
3.100	251	25.0	......	......	......	......
3.200	263	26.0	......	......	......	......
3.300	275	27.0	......	......	......	......
3.400	288	28.5	......	......	......	......
3.500	302	30.0	......	......	......	......
3.600	316	31.5	......	......	......	......
3.700	331	33.0	......	......	......	......
3.800	346	35.0	......	......	......	......
3.900	361	37.0	......	......	......	......
4.000	377	39.0	......	......	......	......

Nota. — La hausse latérale est verticale : on corrige la dérivation en déplaçant à gauche l'œilleton de la quantité indiquée dans la colonne des dérives. On emploie la charge maximum aux grandes distances, ou lorsqu'on veut obtenir de grands effets de pénétration, comme dans le tir en brèche. Les deux autres charges peuvent être employées avec avantage aux petites et moyennes distances, principalement dans le tir contre les batteries.

TABLE DES MATIÈRES.

www.ingramcontent.com/pod-product-compliance
Ingram Content Group UK Ltd.
Pitfield, Milton Keynes, MK11 3LW, UK
UKHW020018100726
13658UKWH00002B/974